VI.

Unvorgreiffliche Gedancken,
betreffend die Ausübung und Verbesserung der Teutschen Sprache.

1.

ES ist bekandt, daß die Sprach ein Spiegel des Verstandes, und daß die Völcker, wenn sie den Verstand hoch schwingen, auch zugleich die Sprache wohl ausüben, welches der Griechen, Römer und Araber Beyspiele zeigen.

2. Die Teutsche Nation hat unter allen Christlichen den Vorzug, wegen des Heiligen Römischen Reichs, dessen Würde und Rechte sie auff sich und ihr Oberhaupt gebracht, welchem die Beschirmung des wahren Glaubens, die Vogthey der allgemeinen Kirche, und die Beförderung des Besten, der gantzen Christenheit oblieget, daher ihm auch der Vorsitz über andere hohe Häupter ohnzweiffentlich gebühret und gelassen worden.

3. Derowegen haben die Teutsche sich desto mehr anzugreiffen, daß sie sich dieser ihrer Würde würdig zeigen, und es andern nicht weniger an Verstand und Tapfer-

『ドイツ語の鍛練と改良に関する私見』の第1頁

(G. W. Leibniz: Collectanea Etymologica. Hannover 1717. 255 頁より)

叢書・ウニベルシタス　843

ライプニッツの国語論
ドイツ語改良への提言

ゴットフリート・ヴィルヘルム・ライプニッツ
高田博行／渡辺　学 編訳

法政大学出版局

ライプニッツの国語論／目次

知性と言語をよりよく鍛練するようドイツ人たちへ諭す 1

ドイツ的志向の協会を設立する提案を付して

（1846年刊）

ドイツ語の鍛練と改良に関する私見 39

（1717年刊）

解　説 107

1. 母語に対するまなざし　107
2. 『ドイツ語の鍛練と改良に関する私見』　110
3. 『知性と言語をよりよく鍛練するようドイツ人たちへ諭す』　122
4. ポスト・ライプニッツ　126
5. ライプニッツとフンボルト　131
6. 明治日本の見た文化言語ドイツ語　136
7. 現代の言語状況とライプニッツ　138

参考文献　141
あとがき　147

ライプニッツの国語論

知性と言語をよりよく鍛練するよう
ドイツ人たちへ諭す

ドイツ的志向の協会を設立する提案を付して[1]

（1846年刊）

[1：祖国の福祉と名声[2]]

　自然な感覚をもった人間であれば誰しも，神の栄光についで，祖国の福祉がたしかにもっとも気にかかる事柄である。祖国を大切に思うことは，われわれが保護を受け満足のいく毎日を過ごすにあたってわれわれ自身に関わる用件であるし，また同時にわれわれに共通の責務でもある。保護という点についていえば，周知の通り，国全体が平安であって初めて個々人の安全が保証されるのであり，ひとたび国の平安が乱されると，何もかもが転倒してしまい，誰もど

---

1 翻訳の底本としたのは，ピーチュ〔Pietsch〕の編集によるテクスト Leibniz（1907）である（巻末の文献表，141頁を参照）。語句の，とりわけ書法を確認するため，同名論考の電子版テクスト［Bibliotheca Augustana=http://www.fh-augsburg.de/~harsch/germanica/Chronologie/17 Jh/Leibniz/lei_erma.html］も適宜参照した。注を付けるにあたっては，ピーチュによる解説（Pietsch 1907）および注，レクラム文庫版のテクスト Leibniz（1983）にペルクセン〔Pörksen〕が付した注を参考にした。本論考の執筆・公刊時期については，「解説3.1.」を参照。19世紀半ばに初刊行されたこの論考は，その公刊後17世紀末の言語文化や言語状況を把握するための貴重な史料となったが，当時の言語論・国語論に影響を及ぼすことはなかった。なお（翻訳の底本としたテクストを編集した）ピーチュによれば，手稿には表題の左手に「ドイツ的志向の協会（の提案）」と記されているという。注48も参照。

2 翻訳では読者の便宜をはかるため，内容的なまとまりごとに訳者が［ ］内にそこで扱われるテーマを記した。（原文には行数が示されているのみで，テーマ見出しはない。）また以下，本文中の［ ］は訳者による補足である。

うやって身を救ったものかその術をしらない大地震やハリケーンと同じことになる。近年の戦争のひとこまひとこまを見ても十分にわかるように，逃げおおせる人などほんの少ししかおらず，そうでない人は手をこまねいて流れに身をまかせ，今にも滅びるにちがいないと思わねばならぬことになる。国じゅうに不幸が広まっていればわれわれにとっては危険であるが，逆に祖国が豊かであればわれわれは毎日が楽しいものである。祖国が豊かであると，人生を快適にする事物をわれわれはあふれんばかりに手にし，ぶどうの木やいちじくの木のもとに住まうことになる。異国人はわれわれの幸福を認め，ほめたたえている。各市民がいわば［国という］身体の一部分であるがゆえに，われわれはみなこの［国という］身体が健康で力強いことを感じ取り，［国という］身体にまつわるすべてを神の特別なるおぼしめしによるものと感じるのである。にもかかわらず，自分の国や国民，とりわけ天下国家の幸福を心から喜ばず，異国において同胞と心を分かち合おうとしない心根の悪い人間がいるのはどうしてなのであろうか。言語，道徳という絆が，そして［ドイツ人という］共通の名前の絆さえもが，目には見えなくても人間たちをとても強固に結びつけ，いわばある種の血族関係を作り出している。わが国民に関係する報告や知らせを見聞して，われわれは傷つくこともあれば，嬉しく思うこともある。われわれが傷ついてい

---

3 フランスに発して北オランダまで侵攻した，ルートヴィヒ14世の第2次侵略戦争（1672-78）のことであろう。ライン川下流における帝国の中立が損なわれ，ハプスブルクがブランデンブルクや北オランダと同盟を結ぶきっかけともなった。
4 新約聖書ルカによる福音書第6章第44節，「木は，それぞれ，その結ぶ実によって分かる。茨からいちじくは採れないし，野ばらからぶどうは集められない」［『聖書』からの引用は，以下，新共同訳（日本聖書協会1998年）による］を参照。両者ともに信仰の結果生ずる業を象徴するものである。

るのか喜んでいるのかは、異国人はわれわれの目をみればすぐにわかる。そして分別のある異国人であれば、われわれの心のあり方を称賛せずにはいられないのだ。しかし、祖国に不幸が起こるのを喜ぶような輩のことは、登用してくれている人ですら、心のうちでは邪悪で不正直な人間だと思うであろう。自らのことをこのように思われてしまうことは、高貴な心情の持ち主であれば誰もとても耐え忍ぶことはできない。おまけに、売国奴のうちにはわずかながら、きわめて悪らつで心のかたくなな者がおり、彼らは悪意をもって祖国を攻撃し続け、その不幸を喜んでもなお、虫に体をかじられていることを感じることがないのである。したがって言えることは、祖国への愛は間抜けな人々の空想ではなくて、真の賢明さそのものに基づいているということである。そしてこの賢明さは、神と人間とがわれわれに課する責務によって強められるものなのである。神と言ったのは、神はいつでも最善のものを欲するからである。ひとりだけに役に立つものよりも、多くの人に役に立つものの方がよいものだ。人間と言ったのは、祖国から命を授かり養ってもらっている人間が、祖国の福祉を自分にとって有利な範囲内でのみ進めようとするような恩知らずなことは、到底できないからである。

[2：豊潤な国ドイツ]

　さて、自らの祖国に恩恵を浴するところの多い人間がいるとすれば、それはかけがえのないドイツに住んでいるわれわれだ。詳しくはふれないが、ドイツを過度の暑さで灼熱させることもなければ、耐え難い寒さに追い込むこともしない天が、ドイツに味方してくれている。さらにわれわれは、長びく病が稀であること、アジアやイタリアをおびやかす地震がほとんどないこと、われわれの土壌は金属が豊富で、果実におおわれており、動物もたくさんいて、[生体の維持という] 生活上の必要のみならず、快適で愉快な暮らしをす

るのに役立つほとんどすべてのものを居ながらにして与えられるという幸運に恵まれてもいる。われわれのところではオレンジは生育していないし、さそりを恐れる必要もない。そしてわがボルスドルフのリンゴは、インドから送られるものよりもたくさんの量を供給してくれる。われわれのところで、よい絹と砂糖も、また同じく太陽を必要とする見事なぶどう酒をも作れないなどということがあろうか。われわれの亜麻布にうまく手を施せば、害のあるキャラコを使わずにすむかもしれない。金属については、われわれはヨーロッパで傑出しており、金属を用いる技術はわれわれのところでは最大限に向上した。われわれはまず鉄を鋼鉄に、銅を真鍮に変え、［ブリキができるように］鉄に錫をメッキすることを発明し、他にもたくさんの有用な学問を創始して、われらが学者たちは高貴なる化学と鉱山関係の事項について全世界の指導者となった。われわれには豊かな食塩基と比類なき炭酸泉があり、これらは味がよいので多くの薬局で取り扱っており、［これらの存在は］自然にとってはすばらしく好都合である。われわれの海岸線は、人目を引く都市、見事な進入路で満たされている。われわれの国土の内側には、船の通行量の多い河川が縦横無尽に流れている。岩山のなかには石や大理石材の採石場があり、建築用の木材は森のなかにごまんとある。皮、毛皮、木綿、亜麻布はふんだんにある。絹の生産が役に立っていることはすでにふれた。そしてそれにはさまざまな実例があり、そのことについては、もし機会があるならさらに詳しく説明ができよう。

5　当時は温暖な異国にのみ存在していた果物の生育の喩えをもって、ドイツは気候温暖でないことを示している個所であろう。

6　今日の書法ではBorsdorfと綴られる、ライプツィヒ近郊に位置する町で、歴史は1267年の記録にさかのぼり、現在の人口は8500名ほど。今でもリンゴの産地として名高い．

[3：異国の内面的悲惨]

　神の恵みを十分に用いる術を心得ていたならば，洗練さにおいても快適さにおいてもわが国を上回る国はないだろうに［，現実にはそうなっていない］。そうであるのにわれわれは，自分たちの畑一面をおおっている作物を［わざわざ］外国から送らせている。われわれは旅行をしてみて異国の外面的な光輝に驚くが，それは常に一番良いものが［これ見よがしに］見せられているから［すばらしく見えるだけ］であることに気づかない。異国のひとは，厄介な事柄を隠すのがわれわれより上手だが，内面に目を注ぐ者は，自らのみじめさに気づき，外面は粗野だが栄養価のある果汁を内に秘めているわれわれのドイツを称賛せざるを得ない。ドイツの丘はぶどう酒が流れ，ドイツの谷は脂がしたたっているのだから。主が平和を与え給えば，われわれの城壁のうちには喜びと至福が住まうのである。この国が主を恐れ，その住民が徳を愛するならば，この国は祝福されている。神はドイツ人に強さと勇気とを与えられたのであり，その血脈には高貴な血が沸き立っている。その誠実さは正真正銘のもので，その心と口はきちんと合致している［思うことと言うことには矛盾がない］。異国では毒を盛って［まで］自分たちの料理に苦心しているというが，そんな話をわれわれのところで耳にする者があろうか。そしてちょうど日雇い馬を日銭を払って雇うように［簡単に］，この国で暗殺者と偽証者をみつけられるといえるだろうか。われわれはまるでめずらしい珍獣の話を聞くように，異国の悪意の話を耳にする。手足が幾分汚れることがあっても，身体は健康だと

7　旧約聖書ヨエル書4章18節における以下の比喩表現を参照のこと。「その日が来ると山々にはぶどう酒が滴りもろもろの丘には乳が流れユダのすべての谷には水が流れる。泉が主の神殿から湧き出てシティムの川を潤す」。ライプニッツは聖書の句を文字通り引用せず，手を加えて引く傾向がある。

いえるのだ。

[4：自由の国ドイツ]

　ドイツの自由ほど気高いものがあろうか。かの勇敢なる領主がドイツは自由な帝国で，世界で一番自由な帝国だと言ったのは正しくなかったろうか。私がこう言うと，聡明な人たちがここで私のことを馬鹿にするだろうことは分かっている。彼らの高邁な知性は，宗教を愚民の馬勒，自由を愚か者の幻想と見なすところまできた。皇帝が諸階層を圧迫したのだという人たちもいれば，諸階層自らがその臣下に厳しい勤めという重荷を与えているのだと言い含めようとする人たちもいる。こうした輩は当然井戸に毒を流す輩と同じように，避け，憎むべき存在である。というのは，彼らはちょうど恐ろしい物をまき散らし，それによって人々の心を不安にさせる輩と同様に，皆のいこいの場所である井戸元の泉水を台なしにし，心ある人たちの満ち足りた心を動揺させようとするからだ。健康な人にあなたは病気だと説き伏せて寝込ませてしまう輩と同じだ。傷口に油を塗って痛みを和らげるべきところ，そうせずに塩や酢をこすりつけるというわけである。けれどもありがたいことに，われわれはまだそれほどには不幸ではなく，われわれの宝石はまだ失われてはいないし，われわれの王冠はいまだ奪い取られてはいない。けれどもわれわれの福祉は自分たちの手にかかっている。私はずっと，ドイツ帝国は秩序正しい国だし，われわれは至福を得る力があると信じてきたし，この確信はいまも揺るがない。われわれの皇帝の威厳とドイツ国民の崇高さは，すべての民が今でも認めているところだ。公会議でも諸集会でも皇帝とその使者には，一目も二目も置かれている。皇帝はキリスト教界の現世の長であり，普遍教会の筆頭者なのだ。皇帝の威厳が大きい分だけ，その統治は穏やかで快い。柔和さはオーストリア家に受け継がれており，レオポルドは自分が祖国

のことを大切にしていることを，どんなに不信仰で疑い深い人間にも無理にでも認めさせた。[こんな状況下では]帝国議会議員が自分の異議申し立てが聞かれないとか，刑執行があまりにも早いと抗議することができようか。

ドイツのなかで文句をつけることができることといったら，穏やかさがあまりにも過ぎるということかもしれない。このたびの戦争[9]で起こったことについては，われわれ自身が一番悪いのであり，われわれは自戒の念をもちたいと思っているから，戦争にまつわることは教訓ともなり，将来これを繰り返さないための警鐘ともなりうるのだ。それに，ちょうどいわゆる四元素が封じ込められているコップを揺すると中身がみな混ざり合うが，コップをしばらくのあいだ静止させておくと，まもなくそれぞれの元素がまた元の場所に戻るのと同じように，今やありがたくも手に入れることのできた平和が望むらくは万事を元通りにしてくれるかもしれない。

[5：おびただしい数の宮廷と自由都市]

[ドイツにおいては]諸侯の宮廷の数はおびただしいが，これはさもなくばちりに埋もれていたはずの運命の人々がたくさん名を挙げることができる見事な手段ではないか。元首の権力が無限であれば，統治にたずさわる人はほんの少数で済み，他の者たちは政府の加護のもと生きなければならない。しかしわれわれのところには，宮廷が多く，宮廷にはまた高位の召使いたちもいて，この者たちは，

8　レオポルド1世〔Leopold I.〕(1640-1705) のことで，ハプスブルク家出身のドイツ皇帝（在位 1658-1705）。その統治下にオーストリアは巨大勢力となったが，半面，領邦君主たちに譲歩したり，フランスとスペインの対立に関しては中立の立場を取るなどした。

9　注3を参照。

ある程度王侯の家族にも近づくことが許され，単に家臣としての物言いしかしない人たちとは全く別の姿を示している。ここから結論できることは，ドイツでは自由は仕えの者たちを持つほんの少数のひとたちにしかなく，家臣に関係ある事柄ではないなどと思っている者たちの意見はあまりにも極端だということである。というのも，諸侯家であれ伯爵家であれ，高き君主たちと異なっている点が自由においてでなく，ただ権力においてのみであるような国が［ドイツのほかに］世界のどこにあろうか。ドイツにおけるほど，貴族が［神により］選ばれた人間であり，幸せである国がどこにあろうか。ポーランドでは，どんな貴族でも王になれるというのは真実だ。けれどもそんな王は，［しょせん］ポーランドの王以上の者ではない。ドイツではたいへん多くの高位寄進者，諸侯の大修道院，豊かな高位聖職者たちが，家臣を諸侯や帝国議会議員やその他大いなる殿方（領主）にすることができる。そして，われわれのことをたいていよくはいわない外国人たちは，この点を思い起こすたびごとに肩をすくめざるをえない。

　ドイツ以上に自由都市の数が多いところがどこにあろうか。商取引と人の往来，糧と信用，秩序と正義の警察がドイツで栄えていることを告白せざるを得ないではないか。かつてマキャヴェリ[10]が自らの作品のなかの報告において，またボッカリーニ[11]がその『パルナッ

10　イタリアの政治家にして歴史叙述家であったマキャヴェリ〔Niccolò Machiavelli〕(1469-1527) のドイツの状況に関するこの報告は，ライプニッツ本人が言及しているように，マキャヴェリの著作にすでに収録されている。

11　文筆家にして帝国議会の役人でもあったボッカリーニ〔Traiano Boccalini〕(1556-1613) は『パルナッソスの報告』という表題のもとにヨーロッパにおけるスペインの影響を風刺する風刺文学を 1612-1613 年に出版していたが，1683 年にはそのラテン語訳がハンブルクで公刊された。ベルリン王立図書館〔当時〕所蔵の初版においてドイツはこの風刺文学の第 64 報告において

ソス』のなかで，いくつかの点についてドイツのことをわれわれ自身が思っている以上に良い判断を下していたのを読んでみるとよい。私はさらに話を一歩進めて，ドイツの諸侯のもとにある都市は自分たちのことを［他国の都市と比べて］不幸だと考える必要はないと言おう。変化の起こった[12]［諸侯の支配下にはいることとなった］町に尋ねてみればよい。以前町議会に対してあった文句の数よりも，いま諸侯に対してある文句の数の方が少なくなったのではないかと。また諸侯の都市は，宮廷貯蔵所をもつのが常であるので，それを通じて栄養供給量が増した勢いのほうが，自由が奪われたことと比べて強いことはたしかである。私はここでは，互市強制権[13]，大学，その他の長所のことをあげつらうつもりはない。農民自身はひとが思うよりもよい暮らしをしているし，また農民がさらに真面目にやる気をもち，生き生きと敏捷に立ち回る様子を見せ，よい導きによって正しい勤労意欲をもつように鼓舞されるならば，もっとよい暮らしができることであろう。根拠がないことの多い凡人の嘆きを，分別ある人は意に介す必要はない。そのような凡人たちは，決して楽しくて叫んでいるのではないし，自分たちにとって具合がよくなれば叫び声をあげなくなることも多いので，神の厳しいこらしめをい

　　言及されているが，そこでは良心の自由の問題が扱われている。
12　ここでライプニッツの念頭にあったのは，エルフルトとブラウンシュヴァイクの町である（この名前は手稿ではけずられている）。エルフルトは 1664 年に選帝侯国マインツに，ブラウンシュヴァイクは 1671 年に公国ヴォルフェンビュッテルに併合された。
13　元来中世に領主が都市に認めた権利であった互市強制権とは，自分たちの領域内を運搬される商売道具の全部または一部を差し止めて一時的に販売に供する，都市の権利のことを指す。市民は優先的に購買が可能であった。この権益を享受した都市が商品を運送する積み替え権は，税金納付で免除対象となった。しかしこの概念は一般的には年の市を開き，商売を行う権利のことをも意味した。

わば身に受けざるを得ないことになる。われわれは時おり、不愉快なほど頑迷であるゆえに、必要な時にお上の手助けをすることに強く反対してしまい、われわれのもとに陣取る異国の民にそのあとで骨の髄まで吸い尽くされねばならなくなるのである。

　以上から帰結するに、われわれには幸せになろうとする意思がただこの上もなく欠けているのであって、ドイツには自由はまだ現実に存在し、幻想のなかにのみ存するわけではないのだ。従って、真の愛国者は最善のことを望み、祖国を愛するべきであり、同時にまた祖国の至福が無気力な望みや盲目的熱意によらず、熟考された提案やその忠実な遂行によっていかに促進されるかに心をいたすべきなのである。

［6：忠告の主旨］

　祖国に対するまともな心をもった実直なドイツ人がまだかなりいることは疑う余地がないので、さまざまな役に立つ提案が日の目を見て、神の恩寵によって実を結ばずに消え去ることがないことが期待される。われわれには神は高貴なる講和条約[14]によっていくぶんの余裕を与えてくださり、われわれには将来のことを考える時間ができたのであるから。ここで言う提案の目指すところといえば、心ある人々の心がどのようにすればひとつになり、皆の平安が保証され、戦争の傷がいやされ、栄養不足がいかに立て直されるかである。こうした懸案事項を解決するには大きな変更が必要であり、元来高位の指導者のなすべきことであるので、今私はそうしたことにあえて

14　ここでは三十年戦争を終結させた1648年のウェストファリア条約のことを指している。フランス、スウェーデン、ブランデンブルクが司教領等の土地を入手し、ドイツの領邦君主に独立主権が認められたほか、カルヴィン派がルター派と同権とされ、スイスとオランダの独立が正式決定された。

知性と言語をよりよく鍛練するようドイツ人たちへ諭す 11

手を出すつもりはない。自分たちの善意からの思想を開示する者たちを私が責めようとするのではない。(むしろモーセのように民が一人残らず預言することを望む私としては，そんなことを思うわけもない。)[15] そうではなくて，わたしはいつでも提案者本人が部分的に遂行することができるような提案を高く買ってきたのだ。なぜなら，助言を与えることはやさしいが，自らが手を貸すことはいつでもむずかしいからである。それゆえわれわれは，憲法を安定させること，帝国内の交通の便を便利かつ密にすること，共通のペニヒすなわち恒久的な通貨をもつこと，宗教を統一または和合させること，司法を促進し，貨幣を調整すること，商業と手工業を振興し工場を構築すること，軍紀をしかるべき状態にすること等々の重要で高次の事柄は，今回は脇に置く。われわれのもくろみの対象とするのは，単に提案するだけではなく，われわれ自身が実行することもできるような事柄である。つまり，われわれがもくろむのは，一個人が話題にすることは多分認められていても，特別な高次の［国による］介入［指導］なしには行うことができないような高次の事柄とは関わりがない事柄である。

　上記の高次の主要な事柄を省いたのちに，ドイツにとって重要なものとしていったい何が残るのかという疑問がおそらくは思い浮かぶであろう。それに対する私の答えは次のようなものである。上で考えたすばらしい事柄がすでになされていたならば，もちろん何も残ってはいない。なぜなら，家が完成したあとはもう働き手は必要ないのだから。しかしそんな幸運は，自然の成り行きによればそうすぐには期待できない。取るに足りないように見えるが有用な細か

15　旧約聖書民数記 11 章 29 節を参照。「モーセは彼に言った。『あなたはわたしのためを思ってねたむ心を起こしているのか。わたしは，主が霊を授けて，主の民すべてが預言者になればよいと切望しているのだ』」。

な点が，まだいくつか残っている。靴のなかに小石があれば旅人の妨げになりうるし，壁にとまっている蠅は偉大な政治家の思想を乱すことがある。このように，無視されるのがふつうであっても，その目に見えない作用が良きにつけ悪しきにつけ大きな結果をもちうるようなものも存在する。学校制度や大学の改革のことなどが問題なのだろうとここで考える人があるかもしれない。それは確かに大きな問題だ。しかしここではそのような意味ではない。これが改革されれば大きな利益がもたらされることは否定できない。しかし，［改革の］主導者たちは，部分的には大変に荒々しく事をなし，彼らは余りにも自分をひけらかしすぎ，自分に反対する他者を軽蔑し，なかんずく若者を教えることを仕事とする教授たちをこっぴどく攻撃した。これらの［攻撃を受けた］人たちのなかに有能なひとたちが多くいたことを，［改革の］主導者たちは気づかなかった。この有能なひとたちは，その力の及ぶかぎり多くのことを行い，それでいて十分に辛酸もなめつくしたのだ。彼らは，時には時宜や後援者や経費がないためによい考えを実行に移すことができず，その手は規約や同僚によってしばられていて，他にも嘆きの種である多くの障害がその行く手をさえぎっていた。したがって，彼らを非難し，矮小化し，彼らに口をさしはさむよりは，むしろ彼らの助けとなろうとするべきである。教授者たちを助けるという計画は，現在のところ全く立案されていない。ドイツの学問水準の現状はこのままで十分である。学問水準は，少なからぬ人が考えているほどには悪くなく，もしこれをまったく転倒させれば［水準を下げれば］，共同体に大きな不利益を与えることになる。私がいまここで述べようと思ったことは，若者の教育には及ばず，大学や学校とは何らの関係もない。当面の問題は，学界から離れた事柄ではないけれども，学識があるとして尊敬されるのが仕事である人たちだけに関わることではない。そうではなくて，その心を良書によって，また有益な社

知性と言語をよりよく鍛練するようドイツ人たちへ諭す 13

交によって豊かにしようとする者みなに関わってくる事柄である。始めたばかりの勉学を続けていこうとする者ではなく，目標は達成し，その公務や職務において大いに役立とうとしている者たち全員に関わるのだ。そうした人たちの役に立ち，彼らを喜ばせるように，しかしまた同時に，以下で明らかになるように，みなの最善のために，そして祖国の名声と名望に資するようにと，われわれの提言は受け取られるべきである。

[7：眠っている人を起こす]

さて，そうした人たちのなかには学識のある者のみならず，宮廷や世間の人たちも含まれるばかりか，まず第一に女たちも，凡人には入らないひとたち全員が最近では含まれる。したがって，プロメテウス[16]がより高級な粘土から作ったひとたちと，凡人との違いが一体どこにあるのかをここにおいて説明することは有用だろう。なぜなら本来のところ，富でも力でも家系でもなくて，才能の違いが問題なのだから。凡人とは一体何かとたずねられるなら，次のような人のことだと述べる以外に方法がない。それは，何を食べるのかという考えのみで心が占められていて，生まれつき耳の聞こえない人が見事なコンサートについて判断を下しうるのと同じにしか，知的好奇心とは何か，ある事物にひかれる気持ちとは何かについての想像がつかない人のことだ。この人たちには，感情の高まりも炎もなく，アダムの土くれから作られてはいるが，生命の息が吹き込まれ

---

16 アテナイの悲劇作家にして，ギリシア悲劇の名作『アガメムノン』の著者アイスキュロス（前525–前456）の戯曲で有名。プロメテウスは古代の伝承では人類の創始者とされることが多い。彼は人間を神々の像にしたがって粘土と水から形づくり，ゼウスから火を奪って人間にもたらした。こらしめに岩に繋がれ，鷲に肝臓を抉り取られるが，ヘラクレスに救出される。プロメテウスはまた人間のあらゆる技芸，精神的・身体的能力の源ともされる。

なかったかのように思われる。この世でその日暮らしをし，家畜のように歩を進めるのだ。彼らには歴史物語はおとぎ話のようであり，紀行や世界の描写は一向に気にならないし，神の賢さと統治もほとんど目に入らない。眼前のこと以上に考えが及ばない。それどころか，少しばかり先に進んで，彼らの群れから一線を画そうとする人たちの敵であることもわかるだろう。こうした人たちが集まると，その話すことといったら，隣人の中傷以外の何ものでもないことが多く，家畜のようにしたたか飲むか，悪童よろしくカード遊びにふける気しかない。この愚かな民と峻別するべきは，もっと自由な生活を送り，歴史物語や紀行を愛好し，時には娯楽本で気分を爽快にし，社交の場で弁の立つ学識者に出会うと好奇心旺盛に聞き入る人たちである。このひとたちは，普通ずっと心持ちが気高く，その生活ははるかに道徳的で，一般の人たちともうまくやっていけるし，お上に逆らうことも愚民の心の動きに従っていくこともなく，上位の人の指示を好んで受けるのだ。そして彼らは，他の人たちよりも遠くまで目が届くので，重苦しい時代のこと，皆の困窮のこと，そしてお上の将来への備えのことに留意するのがうまい。彼らは戦時にも，盲目的なあり方やすべてを駄目にする狂気を表すことなく，名誉・名声を愛する気持ち，そうした心や分別をふんだんに感じさせ，戦時・平時のあらゆる職務や勤めを上手にこなすだろう。こうした人たちが一国に多くいればいるほど，国民は洗練され文明化されており，住民たちは幸福で勇敢なことになる。

　こうした人たちの数を増やし，ドイツ人たちの英知と美徳に対する気持ちと愛をより強固なものにし，眠っている者を起こすことができるならば，さらにまた，貴族であれ下位の人であれ，そして優しい女たちであれ勇敢な男たちであれ，多くのすぐれた心情の持ち主たちのなかですでに火のついたこの純粋な炎に，新しくて快い栄養を与えることができるならば，祖国に対して私人としてできるひ

とつの最大級の貢献をしたことになるのだとわれわれは思う。

[8：よい思想，悟性，知性，光]

　これが，誰に介入するのでも誰に重荷を負わせるものでもないわれわれの計画である。これが，ただ単にそれをするというだけではなく，他の善意の人たちとの一致によってわれわれに執り行うことのできる提案であり，この研究をわれわれは推進するものである。ドイツ的志向の協会の考えるところは以上であるが，そのありようは以下の記述から，さらに明らかになるであろう。

　こうしたことすべてをより明確に思い浮かべるためには，心情の喜び向かう対象には，好んで行う行動と好ましい思想という［異なる］二つがあることを考えるべきだ。今の場合われわれ［の議論］は行動には関わるものではないので，次のこと［後者の思想のこと］だけをここでは考えておこう。よい思想はおもしろくてためになる本を読むことによって，また何か役に立つことを聞いたり持ち出したりできる社交の場を訪れることによって，生まれるのが常だ。読書と社交とはともに，ドイツにおいては本来そうあってもいいようには，また外国でそうであるように感じられるようには整えられていない。別の民族たちが彼らの言語で書いた書物のなかで見分けているようなまともな味わいやみずみずしさを持った立派な本が，ドイツ語で書かれていることはほとんどないのだから。

　われわれは通常，他の言語から寄せ集めただけの本を書いている。あるいは，われわれ自身のものではあっても，たいていは筋の通っていない考え，説得力のない推論を書いているわけで，それは出回っているかなりの数の駄本のなかに見受けられる通りである。そこには力も生命もなく，その不器用なありようは，健全な理性としばしば対立し，読者に少なからず付きまとい，知性の純粋さを人知れず傷つけてしまうのである。このように，ドイツでは全体としてほ

とんど［まともな］選択肢がないので，美しい音楽について判断することのない国民とわれわれはある程度似ている。あるいは，気高い学問の正しい味わいを失ってしまい，きちんと手入れされた小麦ではなく，樫の実，殻，ぬかで間に合わせていた数百年前の僧院学者にも似ている。それがようやく前世紀になって光が再びともされ，その後またほどなくして書物のなかに全く別の光輝が現れ出て，それが今やイタリア人，フランス人，イギリス人にあっては学者の特権にとどまらず，母語そのものにまで流れ込んだのだ。

　われわれドイツ人にあっては彼らにおけるほどの進展がなかったのには，理由がたくさんある。よい思想を何もかも乱した戦争のことにふれる気はない。われわれのところには，流行の発信地や国民の規準と見なすことができる広く通用する正規の首都がないことも長々と述べる気はない。首都がないために，さまざまな心情を持つひとびとは同じ道に向かえず，みずからの考えを結集させることもなく，［せっかくの］よい思想も，いわば散らばされて折られた花のように枯れるほかなかった。善意の人たちがほとんど引き立てられず，報われず，高位の貴族も，別の国民の例を見れば望めるような心映えを感じさせることもないことにもふれるつもりはない。ドイツのなかでは，宗教の分離もまた諸研究を進める際に大変な亀裂を生じさせ，この事情を知っている者は［宗教の違いによって］教育の仕方自体がきわめて違っていることを十分に感じとっている。さて，今述べたようなことにすべてふれなくても，神のおかげで戦争が終わり[17]，再び好ましい展望が与えられたいま，これらの妨げが克服できないことはないことは，十分に示すことができる。ところで，皇帝陛下がドイツの真ん中の大きな帝国都市に住むことがあれば（このことはしかし，実際にそうなった場合にウィーンがすでに

17　注14を参照。

なくなってしまっていることになるという理由だけからしても疑念が浮かぶのだが)、そこにドイツの力や知恵が集中し、そこから帝国の周辺地へと広がっていくことだろうと思う。しかしその一方で，イタリアにはそうした〔中心となる帝国都市のような〕首都も存しないこと——イタリア語はローマよりはフィレンツェに負うところが多いかもしれないから——を思うなら、この障害はそれほどの意味をもたないものと、私は考える。高位の人々の心映えが心あるひとびとを目覚めさせたり、意気消沈させたりすることは確かにあるだろう。法王レオ10世[19]とフランシスクス1世[20]が研究にいわば新しい生命を注ぎ込み、フランスはリシュリュー枢機卿[21]のおかげで、そ

18　イタリア・アカデミーあるいはクルスカ学会〔Accademia della Crusca〕が1612年にフィレンツェで公刊したイタリア文章語の辞典はトスカナ方言をもとにするものであった。この学会は、1582年に詩人グラツィーニ〔Antonio Francesco Grazzini〕(1503-84)によってトスカナ大公国のフィレンツェで創立された。その使命は、イタリア語の育成と純化であった。イタリア語で「もみ殻」を意味する「クルスカ」は、もみ殻から小麦を分けて純粋に保つという言語純化の意図をメタファーを用いて示している。ライプニッツが「ふるい布の協会」と言ったのは、ふるい布は小麦をもみ殻から分けるために用いられたからである。なお、本訳書『私見』注17を参照のこと。

19　豪華王ロレンツォの息子として1475年に生まれ、1513年から1521年まで統治した第220代教皇。1516年フランスと政教条約を締結して司教叙任権を獲得するなど政治力に優れていたばかりでなく、ローマ大学の刷新者にして学芸の促進者としても有名であった。ペテロ教会の新会堂の資金づくりとして免罪符を売ったことが1517年ルターによる宗教改革の契機となった。

20　フランスの国王 (1494-1547) フランソワ1世のこと。1515年来統治し、フランス語とフランス文学 (コレージュ・ド・フランス)、造形芸術 (ルーブル) の促進者および建築主 (ブロワとフォンテーヌボロー城) として有名。政治的には、ミラノ公国をめぐる皇帝との争いに敗れ、1525年に捉われの身となるが、フランスの独立を主張した。

21　枢機卿およびリシュリュー公爵アルマン・ジャン・デュ・プレシ〔Armand Jean du Plessis, cardinal et duc de Richelieu〕(1585-1642) は、フランスの政治家で、芸術と学問が国家の威信にとって特別な意義を持つと考え、文

18

の力のみならず，雄弁さも現在の段階に至ったことは知られている。しかしわれわれは，この点についてもドイツにおいて嘆いてみせる必要はないし，わが国では高位の権力者よりも，何人かの学者が責められてしかるべきだと思われる。心あるドイツのひとびとの心を呼び起こそうとし，事実少なからぬ実りを結んだ称賛に値する協会[22]

 学，音楽，建築を奨励した。アカデミー・フランセーズの実質的な設立者である。1624 年以降ルイ 13 世の参謀役となった。貴族に対抗して王政絶対主義を貫き，スペイン・ハプスブルク側に抗するためスウェーデン側について 1635 年三十年戦争に参戦し，フランスの指導権拡大に貢献した。ライプニッツがこの文で「（フランスの）雄弁さの向上」に言及しているのは，具体的には，1635 年にアカデミーが設立されたことを示唆している。

22 ここではドイツで最初の国語協会である「実りを結ぶ会」〔Fruchtbringende Gesellschaft〕（別名「椰子の会」〔Palmenorden〕）が示唆されている。この協会は，クルスカ学会の会員であったアンハルト・ケーテン侯ルートヴィヒ〔Fürst Ludwig von Anhalt-Köthen〕（1579-1650）が，クルスカ学会を模範にして 1617 年にワイマールで創立した。イタリアのアカデミーなどと比べて，組織的性格よりは同志たちのゆるやかな結束という側面の強かった当協会には（大選定侯その人が代表する）ホーエンツォレルン家，ブラウンシュヴァイク・リューネブルク，ヘッセン，シュレスヴィヒ・ホルシュタイン，ザクセン・ヴァイマール，ボイトハイム・シュタインフルト，ハーナウなどの諸侯諸氏が含まれていた。会則によれば，「会員はみな，どこにあっても，その振る舞いは信頼に足り，賢明で，道徳をもち，礼儀正しく [...] あらねばならない。[...] 第二に，そしてなによりもまして，われわれの大いに称賛されるべき母語を徹底して肝要にそして正しく理解し，外国の異質なつぎはぎことばを交ぜることなく，語り書くときもまた詩作するときも，最も優雅にかつ明確に保ち，実際に用いることが義務である。」この協会には大まかに言って，著作物や翻訳によって言語の純粋さや言語の美などの育成を図る課題と詩学，文法，正書法などの学問的問題に答える課題の二通りがあった。類似の国語協会には，1643 年にハンブルクでフィリップ・フォン・ツェーゼン〔Philipp von Zesen〕（1619-1689）の創始した「ドイツ的志向の組合」〔Deutschgesinnte Genossenschaft〕，1644 年にニュルンベルクでハルスデルファー〔Georg Philipp Harsdörffer〕（1607-1658）が創始した「ペグニッツ川の牧童と花の会」〔Hirten-und Blumenorden an der Pegnitz〕などがある。

に加入していた諸侯の永遠に残る名を，ここでいちいち挙げるつもりはない。このことに関心のあったドイツの学者は，とても数が少なかった。そのわけはひとつには，知恵はラテン語かギリシャ語の衣を着せて表すしかないと考えていた人たちがいたからだ。あるいはまた，おおげさな言葉の仮面をかぶっているが実は無知であることが世間に知られてしまうことを恐れた人たちがいたからだ。本当に学識のある人々はそのことを恐れる必要はなく，知恵と知識が人々に行き渡れば行き渡るほど，真に学識が卓越していることを証言してくれるひとがますますたくさん見つかるだろうことは確かだと思うべきである。それに対して，ラテン語のコートを着てホメロスの霧[24]に覆われている人は，本物の学者のあいだに入り込み，だんだんと覆いをはがされ恥さらしとなる恐れがある。ちょうどフランスも以前は実際そのような状況であった。[しかしフランスでは]その後，淑女も騎士も学問や学識の味を母語でいくらか味わうようになってからというもの，自己顕示のために[ラテン語やギリシャ

---

23 実りを結ぶ会会員の学者たちには，文学理論家のオーピッツ（『ドイツ詩学の書』の著者，注32を参照）〔Martin Opitz〕（1597-1639），1641年に文法論をものした文家のグアインツ〔Christian Gueintz〕（1592-1650）とショッテル（ショッテーリウス）〔Justus Georg Schottel/Schottelius〕（1612-1676）（本訳書『私見』注56を参照），さらには，ハルスデルファー（本訳書『私見』注126を参照），モシェロッシュ〔Johann Michael Moscherosch〕（1601-1669），1691年の辞書編纂で名高いシュティーラー〔Kaspar Stieler〕（1632-1707），ツェーゼン（本訳書『私見』注100を参照），グリューフィウス〔Andreas Gryphius〕（1616-1664）などがいた。たとえばショッテルは，1641年の著作『ドイツ語文法（Teutsche Sprachkunst）』の功績が認められて会員に列せられた。

24 ある人を包み込む霧というのはホメロス（紀元前8世紀，イオニアの詩人）ではよく繰り返されるモチーフである。霧の覆い隠す作用によって，危険にさらされたり見つかることがなくなる。たとえば，『イリアス』5の776，『オデュッセイ』7の15, 13の189を参照。

語に〕拘泥するうるさがたのひとたちは軽蔑されるに至ったが，〔母語を大切にする〕しかるべき人々は偉い殿方に一層認められ，報いを受け，重用された。しかしドイツではいまだにラテン語と芸術〔人の手を経たもの〕を重んじ，母語と自然から益することがあまりにも少なかったため，学者にあっても国民自身にあっても悪い影響がもたらされた。なぜなら，学者たちはほとんど学者のためだけに書くだけで，役に立たない事柄にあまりにもかかづらうことが多いが，これは国民全体を見れば，ラテン語を学ばなかった者は学問からいわば排除されたわけであるから[25]。つまり，わが国ではなにがしかの精神，頭脳明晰な思想，分別ある判断，善し悪しの差があれ言い表されているものについての細やかな感性というものが，外国に見られるほどはまだ一般的にはなっていなかったのだ。外国では母語は十分に鍛練されており，母語は美しく磨かれたガラスのように，いわば心情の鋭い眼力を促し，くまなく照らす明るさを知性に与えているのだ。このようなすばらしき美点はわれわれドイツ人にはまだ欠けているので，われわれが多くの点において，なかんずく知性がある程度きちんと示されるべき事物において，外国人にかなわないのは何の不思議があろうか。そのため，わが国民はいわば暗い雲によって覆われた状態にある。また，並はずれた精神をもっているのに，自分たちの求めるものを国内ではなくて，旅行や読書によってイタリア人やフランス人のところに見つける同胞は，ドイツ人の手になる書き物に嫌悪感をもち，異質なるものだけを愛し，評価する。このような同胞は，われわれの言語，われわれの民族の

---

[25] 当時ヨーロッパの共通学術語としての地位を謳歌していたラテン語の一極支配を反省的に見直し，母語・民衆語の導入による学問の民衆化を目指すこの視座は先進性に富んでいる。なお，ライプニッツは24歳のときすでに，ドイツ語は哲学的思考の表現にもっとも適した言語であることを表明していた。

ほうによりよい能力があることもほとんど信じようとしない。こういうわけでわれわれは，知性に関わる事柄において，すでに奴隷状態に陥っているのであり，その盲目性によって自分たちの生き方，話し方，書き方，さらには考え方までをも，よそ者の意思に操られるがままである。

〔9：ドイツ語使用の理想と悲惨な現状〕

　称賛に値する人々がドイツ語のために力を尽くし，長年にわたってドイツ人のいい加減さと自己蔑視と戦ってきたが，勝利を収めることはなかった。この害悪は，いかに出来映えのよい押韻や喜劇書[26]によっても救えず制御できないほど高じてしまい，［その解決には］もっと重く力のある別の道具が必要となっている。というのは，どんなに力の強い腕でも羽先を石と同じくらい遠くに投げることはできないように，どんなに立派な知性でも軽い武具で十分な装備をすることはできないからだ。つまり，ちょうど鋼鉄製の石弓によって空中のかなたへ放たれようとする矢が羽飾りをつけられると同時にまた金属冠をかぶせられるのが常であるように，有用さは快適さと結びつけられねばならない。ドイツ語の栄誉を気にかける人たちの大部分はとりわけ詩作にふけり，したがってドイツ語で骨のある内容が何か書かれたことはほとんどない。そして，たいていは何もかもドイツ語以外の言語でのほうがうまく書かれているのだから，先にふれたようにわれわれの言語を軽蔑する状態に変化がなかったのは不思議ではない。ドイツ語によるソネット[27]を他の言語の優雅さにも匹敵するように作ることができる人がたくさんいたら，たしか

26　韻文と散文のことを指す。
27　原語の „Klinggedichte（音響詩）" は，オーピッツがオランダ語の „klinkdicht" を模してつくった造語。

に本当にいいことだろう。けれども、異国人のもとでわれらが英雄言語[28]の栄誉を守り、聞き分けのない子供のようなドイツ人のひがみと軽率さを克服するのには、それでは十分でない。というのは、進んでは何もよいことをしない者たちは、異議をとなえることができないほど利益があるという結末を確信させられるまでは、どんなによい提案でもないがしろにするからだ。したがって、われわれが自分たちの言語を学問や重要な事柄において自ら鍛えないかぎりは、この点において何らの改良も期待されない。ドイツ語を鍛えることが、外国人によるドイツ語の評価を高め、ドイツ的志向のないドイツ人たちをついには恥じ入らせる唯一の手段なのだ。というのは、われらがドイツの庭には、美しい百合や薔薇ばかりでなく、甘いリンゴや健康によい薬草もなければならないからだ。百合や薔薇はやがて美と香りを失うが、リンゴや薬草は長持ちして、利用することができる。どうしてこんなにたくさんの高位の貴族ならびにその他のすぐれた人々が自ら手がけた仕事を、十分に果たせなかったのかいぶかしがるにはおよばない。なぜなら、実りを結ぶ会という名にもかかわらず、通常はもっぱら花は咲かすが実を結ばない植物だけで間に合わせてきたからだ。優美に咲き始める花も、不滅の学問という栄養を与える樹液を内に持っていなければ、やがて飽きさせることになるものだ。先人たちのすばらしかったもくろみを批判するために、わたしはこれに言及するのではない。ドイツの純粋性というものが今日まだ残っているのは、かなりの部分がこの先人たちのおかげである。最初から何でもできるわけではないことを、私はわかっている。私が上述のことに言及したのは、ただ自己弁護するためだけである。つまり私の述べたことによって、ひとつ目には、なぜこれまで十分な成果が上がらなかったのかが、またふたつ目には、

---

28 本訳書『私見』注23を参照。

なぜそれでも希望の余地があるのかが，同時にわかるであろう。さもなければ，すこし見ただけできっとすぐにわたしに非難がおよび，せっかく作り上げたすべてのものが悲運によりもぎ取られてしまったあとでは，どんなに高次の精神の持ち主でも遂行しなかったような事柄にたずさわり続けるのは無駄なことに他ならないと言われてしまうことであろう。またひとは，こうなってしまったのは，ひとえにわれわれに不運を回避する力がなかったからであって，堤防が決壊すれば水が大量に流れ込み，かえって大変な被害をもたらすのだから，そうした強い川の流れを堤防で堰き止めようと無駄な努力をせずに，流れをそのままにして後世を神にゆだねる方がよいと言うことであろう。このような言い方に対して私は，次のように答えておくほかない。これまではこの堤防を築くのに，小さな石，砂，土のみをかき集めただけで，耐久性のある大ぶりな石は決してもってこなかった。つまり，本当にそうするべき時期であるにもかかわらず，われわれは最大限の真剣な態度をとってこなかった。このことに思いを致すのをこれ以上逡巡していれば，遅くなりすぎるかもしれない。

　白状せねばならないことだが，ドイツができてからというもの，今日ほど非ドイツ的で調和のとれない話し方がなされた時はかつてなかったという事態に，残念ながら立ち至っている。半年ごとの見本市で生み出されている文書[29]がその証人になる。そこではしばしば，何もかもが哀れを誘うような形で一緒くたにされてしまっており，何を書いているのかさえ考慮していない人がかなりいると思われるほどである[30]。神のご意志があったなら，このように出回っている刷

29　1470年ごろから復活祭と秋にライプツィヒとフランクフルト・アム・マインにおいて行われていた書籍出版業者の見本市，ならびにそこで配布されていた新刊書一覧表のことを指す。

り物が十あるうちで一つについて，外国人が笑うことなく，愛国者が怒ることなく読めるものがあるのだが。私の知っている高貴なフランス人には，仕事や旅を通じてドイツ語を理解することとなりドイツ語を理解する気のあるひとがいるが，彼らは口をそろえて，調和のとれないドイツ語の有り様について，動揺からでも嫌悪感からでもなくただ単にいぶかしく思って，軽蔑的な言葉を投げかけた。彼らは私の示すところを見て，われわれにはどんな国民にも恥じる必要のない見事な書物を著した巨匠が［過去に］いないわけではないことがわかったのだから，なおさらいぶかしがった。フランスではどこでも明るい太陽が昇るのがよく見えるが，ドイツの運は傾きかけており，統一と勇敢さ，知性はともに消え失せていると，彼らは私に対して隠し立てなく結論づけた。それを聞いた私がどんな気持ちだったかは言う気になれないし，これを聞いたり読んだりしても何も感じないならば，その人の血管にはドイツ人の血が流れているのかどうか各人で調べてみるがよい。私は上で考えたように，国事や軍事は脇に置くつもりだ。なぜなら私は，神がわれわれの福祉への道を見つけてくださるだろうし，キリスト教界の主な砦であるこの帝国を情け深く維持してくださるだろうと思うから。そうすれば，他の権力者や階層の人たちともども最高首領にもまた，ドイツの徳を再び以前の輝きにもちきたらす手段がわかるだろう。知性に関して，そしていわば知性の明るい鏡と見なすべき言語に関しては[31]，誰でも自分の考えを述べることができるものと私は思う。自らの祖国を愛していながら同時にこの災いを見ているならば，不平を言わないのはむずかしいことだ。

30　ライプニッツが削除した手稿によれば，ここでは「ドイツ語を忘れたうえに，フランス語も習得していない者について」記されている。

31　この考えは『私見』の§1に明確に流れ込んでいる。

分別と徳があり私が尊敬する人のなかに，言語の改良には関わり合うべきではなく，事柄自体を問題にすべきだと信じている人々がいることは知っている。彼らによれば，言語とはわれわれが自分たちのことをわからせ，他者を感動させるために発明されたのだ。彼らにとって，使う言葉が［双方に］知られており，力強く人を動かすものであれば，オーピッツやフレーミング[32][33]がそれを弾劾しようがすまいが，とやかく考える必要はないという。ただし，よい事柄を悪い言い方で台なしにしようとする言葉飾りの愛好者[34]の場合は，話は別だというが。フランス語自体はラテン語とドイツ語の混合物であって，初めはとても調和のとれない言語であったが，使用されているうちにいわば粗野さをみな削り落としてしまったものであるし，

32　オーピッツは，詩人にして文学理論家。1617年にラテン語による演説「アリスタルコス」によってドイツの国民文学創設を提唱し，その『ドイツ詩学の書』（1624年）において，後世への影響の最も強い最初のバロック詩学の本を著した。同年，詩人に列せられる。『ドイツ詩学の書』（1624年）は17世紀ドイツ文学の教本となった。また，オーピッツは1639年に初期中高ドイツ語による『アンノーの歌』（1080頃）を注釈付きで編集したが，この歌の内容は，ジークブルク〔Siegburg〕の僧院の創設者である司教アンノー2世を讃えるものである。注23も参照。

33　フレーミング〔Paul Fleming〕（1609-40），バロック抒情詩家にして，最も重要なオーピッツの弟子。1631年詩人に列せられる。その作品は主に，歌曲的なソネット，恋愛詩，酒歌，祝祭詩，特定の機会に作られる詩，祖国歌および宗教的な歌からなる（宗教歌の例として，「われらの救い主イエス＝キリストの罪なき苦しみと死についての嘆きの歌」がある）。ドイツ語の純粋さと正しさを称揚した彼は，17世紀半ばにはハルスデルファーに，18世紀半ばにはゴットシェートにそれぞれオーピッツと並んで読むべき作者として推奨されている。

34　「ホルツアプフェル大将」〔General Holzapfel〕，すなわちヘッセンと帝国の将官（ホルツアッペル伯爵）であったペーター・メランダー〔Peter Melander〕（1648年没）のことを指す。ドイツや郷土を愛する気持ちを持ち，それを表現したひとでもあった。

またイギリス人やオランダ人もほとんどの行にも平気でスペイン語，イタリア語，フランス語を混ぜて話している。であれば，彼らの本のことを洗練された書き方がされた本だと大いに称賛しているわれわれとしては，[ことばを混ぜているからといって，ドイツ語のことで]自らを責める必要はない[と彼らは言うのである]。

　これらの根拠はそれなりの正当性があるものである。そして，とてもうまく，すなわちよくわかるように力を込めて書くけれども，その書き物にあらゆる言語を詰め込む人たちがいることも，喜んで告白しておこう。ふつうのごたまぜ屋について下す私の判断を，これらの人たちに対しても下して，彼らの不利になるようなことは私も欲しない。というのは，これらの人たちときたら，仕事が山積しているために，大急ぎで書くことが多く，自分たちの書いたものを読み直すことすらできず，次から次へと思い浮かんでは消えていく考えを急いで紙に書き留めることができれば，それで満足なのだ。彼らが悪習としてはびこっていることばの用い方をし，最初に思い浮かんだことばをそのまま文字に写すからといって，それを悪くとるべきではない。というのは，外国語の方がわれわれにはなじみがあり，ドイツ語の方がなじみがないといった例がよくあるからだ。[自国語に]変えることができない場合には，そのことばをそのまま用いるように適合させるのが正当である[35]。私とて，簡潔な表現力を弱めてまで，[無理に]あまりドイツ的でないドイツ語表現を作り出してみようとするほどに，迷信的なドイツ語主義者ではない[36]。

35　そもそもある言語の借用語，外来語が別の言語体系に浸透する理由はここにある。現代ドイツ語については，ドイツ語による対応表現よりもはるかにコンパクトな der Synthesizer（シンセサイザー），das Joint Venture（ジョイント・ヴェンチャー）などを参照のこと。
36　外国語の影響を排除し，言語のアイデンティティーを保とうとする理想的

知性と言語をよりよく鍛練するようドイツ人たちへ諭す　　27

われわれはいつでも事柄に応じて最善のことを行わねばならず，世間がわれわれの方に調子を合わせてくれない場合には，われわれの方から世間に合わせなければならないのだ。流れに逆らって泳いだり，壁にぶつかるようにして走ろうとする者は，自分に抵抗力があるのを誇って見せても長続きしないだろう。

　しかしだからといって，急ぎの郵便物があって言葉を選んでいる時間がないというのでもなく，また皇帝の命によって本を書くよう依頼されたのでもない人々が，緊急に迫られてではなく，不注意から罪を犯すことは，申し開きができるわけではない。いろいろ思いめぐらし爪をかんで考えてみても，自分たちのすばらしい思想を言い表すのに十分なドイツ語がどうしても思い浮かばなかったのだということがあれば，それは雄弁だとうぬぼれている自分自身の弁舌の貧しさを本当のところ露呈することになるのであって，自らの着想が卓越していることを示すことにはならない。われわれの先祖もまたこれほどまでに高尚で才気に富む思索をよくしたのかどうか，そしてもしそうであった場合に彼らはことばで表すことができなか

な言語観，いわゆる言語純化主義，言語純化主義者の事例として，たとえば，モシェロシュ，グリューフィウスのような「実りを結ぶ会」「実直な樅の会」〔Aufrichtige Gesellschaft von der Tannen〕の諸会員を挙げることができる。注 23 をも参照。時代状況を反映して三十年戦争の末期にはドイツ語の純度を高めようとする動きは最高潮に達した。現代においても，英語語法が氾濫する現実に対して，不要な英語語法のリストを作り，ドイツ語への言い換えを推奨する「ドイツ語協会」(Verein Deutsche Sprache e. V., 事務局はドルトムントでベルリン・ポツダム，ドレスデンなどにも支部がある)のようにこの流れを汲む団体がある。ただしこの団体はフランスの事例のように国家主導ではなく，市民運動という色合いが強い。ライプニッツは 17 世紀のハルスデルファー，ショッテーリウス同様，排外主義に固執せず，実利的な態度表明を行ったひとりである。半面，彼らにとっても外来語をドイツ語化する際には，意味が理解しやすく，造語や屈折方式においてドイツ語の体系に従ったものであるなどは必須要件である。

ったのであろうか。われわれの［祖先の］書き物屋たち[37]のほうが精神性に優れていたと嘆く必要はない。みな残念なことにあまりにも現世的で低次元なので，驚きよりはむしろ哀れを誘うほどだ。ただし，書き方は非難しなければならないが，その思想は称賛するべきである何人かの数少ない作家は例外である。私は，質素な男にして善良で正直なドイツ人の手になる何年も前に書かれた本[38]を何冊か何度もじっくり読み，自分自身のこともわれわれの時代のことも恥ずかしい気持ちになった。この本の中では，何もかもが非常に明瞭で力強く，かつ純粋で自然に表現されているのがわかったので，私はその真似がもしかしたらできないものかと何度も思った。その著者の場合には，いろいろ思いを巡らすことなく自然にそのような表現が筆からにじみ出てきたのだということが十分に感じられた。学はないが聡明な何人かの人たち[39]（私はこのひとたちのことをほめようとも非難しようともしない）がドイツ語で書き，多くの信奉者を得たことは，非常に感動を呼ぶ。世界のなんらかの言語で，ドイツ語以上に聖書を優美に訳せる言語があり得るとは全く思いもよらない。

---

37 カンペ〔Campe〕『ドイツ語辞典』（第4巻），1810年，277頁によれば，ここで用いられている Schriftler とは「Schreibler と同じような語で，書物や小冊子の執筆者を軽蔑的に呼びたい場合の語」のことを指す。「文学作品の執筆者」という意味での Schriftsteller という語の初出は，パウル〔Paul〕の『ドイツ語辞典』（2002年，第10版，878頁）によれば1723年のことである。

38 ライプニッツはここでゲルリッツにて靴屋を営んでいたベーメ〔Jacob Böhme〕（1575-1624）のことを考えているのだろう。ベーメは，シュレジア生まれのドイツ・バロック期のプロテスタント神秘主義者であり，自らの啓示体験を綴った1612年の処女作『黎明』で知られる。同書が読者を得，信奉者ができると，ベーメは何度も執筆を禁じられた。神智学者とされる彼は，独特の新造語によってドイツ語の語彙拡充に貢献するとともに，敬虔主義運動やロマン主義にも影響を及ぼした。

39 ライプニッツはここで，ベーメもその一人であったドイツの神秘思想家および大衆向けの宗教作家のことを考えているのであろう。

「黙示録」をドイツ語で読むたびに，私は，私の座右の銘であるウェルギリウス[40]を読むよりもはるかに魅了される。そして私は神の思想のなかに気高い預言者の精神を見出すばかりでなく，言葉自体のなかにも正しく英雄的な，そしてこう言ってよければウェルギリウス的な尊厳を見出すのだ。われわれの先祖はいまから100年以上も前に，どのようにして大型本を純粋なドイツ語で満たすようなことができたのだろう。ドイツ人の先祖は読む価値のあるものを何も書かなかったという者は，先祖のものを読んでいないのだ。ドイツ語とドイツの平和が同時に崩れ，一挙にわれわれの名声と言語の正しさが失われたのを見るにつけ，誰もが帝国議決文の文面のなかに金と鉄の時代の違いを感じ取るであろう。その時以来というもの，ドイツの軍隊は祖国に逆らって外国の命令者の意のままになっていたし，ドイツの血は，援助の手を差し出すようなふりをしながら実は土地をねらっていた外国人たちの犠牲となった。その時以来，われわれのことばのほうも，隷属の始まりの印を帯びなければならなかった。ことばのほうがほとんど駄目になりかけたいま，ドイツの自由が台なしにならないよう，神が恩寵によってこの予感を回避したまわらんことを。

〔10：国民と言語の繁栄〕

　どんな歴史を読んでもわかることだが，ふつう国民と言語とは同時に栄えるものである。〔言語もそうであるが，〕国民というものもまた，戦争か平和かが問題となる場合には思いがけない力を出し，ほとんど信じられない能力を発揮するのである。ギリシア人・ロー

40　ローマの詩人（紀元前 70–19）で，牧歌をものし，『農耕詩』やローマの世界史的使命を主題とする『アエネイス』を著した。

マ人の力は，ギリシアにはデモステネスが，ローマにはキケロがい[41]たときに最高潮に達していた。そしてフランスで通用しているいまの文体は，ほとんどこのキケロに匹敵するものとなっている。このような歴史は偶然起こったとは私は思わない。そうではなくてむしろ，民族と言語の盛衰もまた，月と海の関係と同じように互いに近い関係にあると思う。というのは，先に考えたように，言語は知性の正しい鏡であるからして，概して言語を上手に書くことができたあとには，知性もまたいわば廉価なもの［誰でも簡単に手に入れられるもの］となり，よく流通する品物となるのは確かだと思われる。このことはまさにフランスについて当てはまることであり，世の流れに合わない熱狂さのあまり目が見えなくなってはおらず，独仏両国民の行いをよく知っている者は，次のことを告白せずにはいられない。実は，わがドイツで上手に書かれていると見なされるものは，全体としてフランスで最低水準にあるもの，そして［フランスにおいて］ほんのわずかしか書くことに手を出さず，他の人にまじって走り回るのが関の山である人みなに共通して見られる水準ともほとんど比較にならないということを。かといって，ふつうドイツ語で書くところをフランス語で書いてしまえば，女からも責められ，集会では物笑いに合うことだろう。ここで私が言っているのは，ことばの純粋さということのみではなく，論理関係の表し方，［話題の］発見，選択，本来の明確さ，ありのままの洗練，そして語りのしつらえ方全部のことであり，それがわれわれには随所で欠けてい[42]

---

41 古代の最も有名な弁論家のデモステネス（紀元前4世紀）とキケロ（紀元前1世紀）は，その後数世紀にわたって並ぶ者の出なかった修辞学の巨匠であった。後世への影響力の大きさから言って彼らに比肩しうるのは，人文主義者の模範ともなったクインティリアーヌス（紀元後30頃-96）であろう。
42 この個所は，古典修辞学で言う，話題の発見，問題の配列（構想），表現法（雄弁），記憶，演説法（実演），さらには古典修辞学の要求する基準，

る。したがって，ドイツ人の雄弁を取り戻すには外国語の単語をはねのければいいのだと思い込んでいる人は，たいへんな思い違いをしている。外国語の単語を用いるという問題はきわめて取るに足りないことだと思うので，私はたまたま使われているような外国語に関して，誰のことも告訴する気はない。しかしながら，理解すらできていない外国語の言い回し（単語であれば構わないが）を筋の通らない形で不必要に継ぎ当ててみたり，文や文の一部をいわば全く崩してしまったり，また単語を全くへたに組み合わせてしまったり，少し思い出そうとするだけで恥じ入るしかないような役立たずの論理を使ってしまうと，われわれの言語が台なしになるばかりか，心ある人々に病をうつすことになるであろう。少し注意をすれば，異国では 12 才の児童たちの方がドイツにおける 20 才の青年たちよりも，より理性的な話をお互いにすることがわかるし，またフランスのご婦人方の何人かは家事や用務に関して，帝国議会議員が国の仕事について話すのと同じくらい真剣で筋が通り，説得力のある話をすることができるのがわかるだろう。この原因は，彼女たちが若いころから品位と中身のある本を読んでおり，しかも社交の場を趣味の悪い道化話で過ごすのではなく，明快な思想をもって過ごすこと以外の何に求めることができるだろうか。この明快な思想を，フランス人は読書を通じて知り，会話を通じて培ったのである。この点が，彼らがわれわれよりもすぐれている理由の大部分だ[43]。風土に別の要素が混じり込んだとすれば，［それにもかかわらず］どうして

---

puritas ［純粋］, perspicuitas ［明確］, ornatus ［洗練］, decorum ［技巧］ と関連している。
43 ライプニッツによれば，教育は（ヘルダーの所説に名高く）やがて 18 世紀にしきりに話題となる風土よりも大きな影響を民族の「形成」に対して及ぼす。

これらの国民が長いこと野蛮であり続けたろうか。空の様子がその間に変化したとでもいうのであろうか［つまり，風土の変化がフランス人を賢くしたのではなくて，あとで述べる教育の変化がそうしたのだ］。私は食糧や栄養分を享受することがとても大事であることを否定するものではないが，教育こそがすべてを克服するのであって，人は仕事でつくられるとフランス人が言っているのは正しく，あらゆる訓練についてこのことが当然なものと理解されるのである。

〔11：若者の育成〕

若者を不器用な話し方をする人たちと交わらせ，彼らに趣味の悪い本を読ませ，そして退屈な社交場に足繁く通わせてみるがよい。その効果はずっと尾を引くだろう。ドイツ人の弁舌は今日ほとんどどこでも根底からだめになっているが，このことの［悪い］影響が，穏やかな心情の持ち主にまで及ぶことはないだろうか。いまやかなりの数の牧師が説教壇で，弁護士がその書物のなかで訳のわからないフランス語をちりばめているのを聞いたり，見たりするにつけ，心ならずも笑わずにはいられない。けれども，演説全体が飾り気なく［殺風景に］進む様子，話に力もみずみずしさもない様子，さらには理性の健全さもドイツのプリスキアーヌス[44]と同じほどに至ると

---

[44] プリスキアーヌスは5・6世紀のラテン文法家。コンスタンチノープルにおけるラテン語教師。その主著は，ギリシア文法をものしたディオニュシオス・トラクスの語形論をふまえ500年ごろに成立したラテン語の文法書であった。この18書からなる『文法教本』はラテン文法最大の現存する記述であり，中世にあって標準的な作品となった。当書は，後の時代にもなおラテン文法の校訂者および母語で文法的論述を始めた人たちにも手本として役立った。その文法の枠組みはさらに，パンツァー〔Georg Wolfgang Franz Panzer〕（1729–1805）をはじめとする18世紀半ばの普遍文法家にも影響を与えた。ここでは，「ドイツのプリスキアーヌス」でドイツ語文法のことを指している。

ころで困窮している様子を見れば，とても笑う気分などにはならない。この悪弊がいわば国じゅうに広がる感染性流行病となってしまったのであるから，先祖からわれわれに遺産としてまだ残されている高貴なドイツ人の美徳も滅んでしまうとしても，何の不思議があろうか。知性なくして美徳［有能さ］が何になろうか。向こう見ずな攻撃をしようとする者が戦争では見るにたえない戦いをするようになるのはわかっているし，またボールを投げるにあたってはうまい投げ手が求められるのもわかっている。

　われわれの時代をそれほど軽蔑すべきではないと，私に答える人がかなりいるだろう。この人たちに言わせれば，むしろそれは［歴史的に］逆なのであって，何年か前には人々はいつもまったくお話にならないひどい状態であったのが，今ではこの愚かな悪徳が次第になくなってきている。われわれの先祖が生き返って列をなして歩いてくるようなことがあるとすれば，われわれには目の前にいる祖先が百姓にしか見えないだろうと，彼らは言う。現在のわれわれの家財，食卓，現在の行儀よさを，かつての簡素さと比べてみて，どちらのほうがより機知に富んでいるかを判断すればよい，と彼らは言うのである。このような考え方に対して，私は次のように答える。浪費と豪華さのなかに知性をさがそうとするならば［知性を物の消費やうわべのきれいさに求めるならば］，知性は今現在，高い地点に達している。［たしかに］われわれの先祖はチョコレートを知らなかったし，茶葉から煎じたものを薬草の湯と思ったに相違なく，食べるのに銀の器も陶器も使わず，部屋に壁紙を用いず，きれいな衣装をまとった人形をパリから取り寄せもしなかったのは本当だと思う。しかしそれだからといって，先祖の分別には何かが欠けていたということにはならない，と私は考える。はたして，チョコレートや銀の器などは，政府の政治が巧みであることの証拠になるのだろうか。それらで国と人々がこのうえなく幸福になるのだろうか。

そのようなもののために，若者たちを世に出して遺産の大部分を消費させるのだろうか。フランス人であれば仕立屋，料理人ですら，外科医に至ってはなおさら，なにがしかの声望を得ているのに，われわれはドイツのなかにあってすら馬鹿にされるにまかせているということ，こうした事柄自体を概して弾劾するつもりはない。分別のある人々は，賢い医者が化学薬品を扱うのと同じように，そうした事柄に対処することができるものだ。しかし，チョコレートや銀の器などの些事から，われわれの時代のこのうえない幸福をつくり出そうというのは辻褄の合わないことである。フランスのモードの流行が［かつてのドイツにはびこっていた］過度の飲酒をやめさせることができるのなら，それは称賛すべきことであろうが，それでは悪魔をベルゼブルで追い出すことになると憂える。かつての酔っ払いドイツ人老人がその語りと書き物において感じさせた分別は，今日のしらふのフランス人猿よりも上であったと私はおおよそ考えている。異国の影に食らいついて誠実なドイツの行為を失い，無理強いされ真似されたものは例外なく悪趣味だということがわからぬこの青二才たちを，フランス人猿と呼ぶよりほかに呼び方はないで

45　19世紀に至るまで広く行われた，若い人たちの数年におよぶ教養のための旅行を示唆する。例えば著者のライプニッツ自身，1667年に法学博士号を取ったのち，フランクフルト・アム・マインおよびマインツを経てパリ，ロンドン，デン・ハーグにまで及ぶ教養の旅に出，1676年に最終的にハノーファーに居を定めた。

46　新約聖書ルカによる福音書11章14節以下のベルゼブル論争が下地にある。すなわち，イエスいわく，「あなたたちは，わたしがベルゼブルの力で悪霊を追い出していると言うけれども，サタンが内輪もめすれば，どうしてその国は成り立っていくだろうか。わたしがベルゼブルの力で悪霊を追い出すのなら，あなたたちの仲間は何の力で追い出すのか。だから，彼ら自身があなたたちを裁く者となる。しかし，わたしが神の指で悪霊を追い出しているのであれば，神の国はあなたたちのところに来ているのだ」（18-20節）。

あろう。フランス人の複製であるより，ドイツ人の原本である方がよい。外国人のもの真似をしてどうにか快適なものが，今のわれわれに発明できたとしても，それはまた［原本とは］別の［複製］作品である。われわれが話したり，書いたり，生きたり，詭弁を弄したりするのは猿真似によっているのだから，われわれは種ではなくて，さやしか手に入らないことは，明らかである。今のわれわれの状態は，さすらいの道化役者が何人か約一週間にわたって演じたあとの小さな町の子供たちのようなものだと考えられる。それというのも，［道化芝居を見たあとは］子供たちはみな［自分たちも実際に］道化芝居を演じたがるものであり，愚か者の作品は，学校も別のすべきこともほとんど忘れてしまうくらいに子供たちの頭にこびりついて離れないのだから。

［12：ドイツの美徳，ドイツ的志向の協会］

　私はここで，神の忘却と外国の悪習が根を張っていることを語るつもりはない。ただ次のことは確かだ。つまり，こうしたことを続けていれば，われわれのところでは誠実さも知性も，学問も雄弁も，勇敢さも勇気も借り物で絵に描いたものとしてしか残ることはないだろう。かくしてこのままわれわれが異国のもの以外を敬うことができないままなら，われわれの見事な天分［精神］がわれわれのもとを離れてしまい，それを評価する術を知っている外国人のものとなるだろうことも疑いがない。すべてが，今のわれわれのところでは，いわば翼を落とすことになるだろうし，われわれは高い心情を持つ人たちを唯一元気づけてくれる，よくなるという希望を，すっかり失うことだろう。少し前にはわれわれは熟した知性と勇敢な勇気というよりは，盲目的熱意によって無駄なことにも外国人に反抗して暴れたのだが，今度は別の極端に陥り，いわば絶望から外国人にもたれかかり，祖国の福祉と名声を思うことをやめ，すべてがだ

めになっても自分はなんとか無事でいることだけを目指すことを甘受するだろう。そうすることで，希望とともにあらゆる美徳がなくなり，心ある人たちを動かす高貴な炎が消えゆくだろう。［外国への］服従がわれわれに迫り来ていることを，これ以上に明確に示すものがあるだろうか。それに対して，幸福と希望が栄えている民族にあっては，祖国愛，国民の栄誉，徳の報い，知性のいわば明るさ，そして言語の正しさの流れが俗人に至るまで行き渡っていて，ほとんど四六時中それが感じられるのだ。

もしもかすかに光る炎ももはや全然残らないくらいに，ドイツの美徳が灰のなかに埋もれているとしたなら，私がこれまで心を動かされながら吐露したことは無駄なだけでなく有害でもあろう。もしも傷を治すことができず，空気に触れてもひりひりして悪くなるだけならば，われわれの傷口を見つけることは何の役に立つだろうか。けれども幸いなことに，われわれの不運はまだ最高の水準までには達していない。われわれの目が開かれただけで十分である。まだ痛みを感じるかぎり，病人には希望がある。そして，われわれが自分から回復は不可能としてしまわなければ，善意の父親のむちをもつ神がなぜわれわれをこらしめたのかわかろうというものだ。また，上に述べたことからも，なかんずく心ある人々が鼓舞されねばならず，すべての美徳と勇猛の魂である知性が覚醒されねばならないように思われる。そこで，誰にも影響を受けない私自身の考えとして，善意の人たちが何人か集まり，高位の者の保護を受けながらドイツ的志向の協会[47]をつくるべきだと思う。そのねらいは，ドイツ人の名

---

47 神の栄光を現し，ドイツ民族の祖国の利益を高めるため，具体的には，言語と知性を高め，ドイツの信望を強めるために人々が結束するアカデミーのこと。„Teutschliebende Genossenschaft"（ドイツ的なるものを愛する組合）とも呼ばれる。注1も参照。

声を保ち再生させることのみに向けられるべきだ。ここで私は，知性，学識，雄弁にある程度関わることについて述べているのだが，そういったものはみな，とりわけ心情の通訳者であり，学問の維持者である言語において現れるものである。したがって，内容があり有用で，また楽しいさまざまな中心的書物はドイツ語で書かれるようにわけても努めるべきだ。それによって，野蛮な行為の進行が食い止められ，その日暮らしで書いている者が恥じ入ることになる。正しい書き方を教わっておらず，良書と悪書の区別がつかないというだけの理由で，うまく書けない人が多い。鶏が大麦の粒に幻惑されて真珠があるのがわからないのと同じように，書かれ方の良し悪しがわからない読者がかなりいることを，多くの人はわかっている。であるからこそ，ドイツ語による執筆を通じて，書き手に光りがともされ，読み手の目が開かれることが望まれる。こうすれば短期間のうちにドイツ語による卓越した書物を選び出せることになるはずであるから，やがては宮廷や世間の人々は，また女たちも聡明で知的好奇心に富んでいれば，このような書物を大いに喜ぶことだろう。こうして，心ある人たちにいわば新しい生命が注ぎ込まれ，社交的な集まりにおいて，また旅の同道者のあいだでも文通をしている場合にも，便利で役に立つ材料が手に入ることになる。これによって，称賛に値する形で時間が短縮されるばかりでなく，知性が啓かれ，われわれのところでは学び始めるのが遅くなりすぎるきらいのある若者が早く育てられ，ドイツ人の勇気が高揚し，外国のくだらない作品が排除され，独自の快適さが生み出され，諸学が広まり繁栄し，正しい学識と徳のある人々が受け入れられ助成を受け，一言でいうならば，ドイツ国民の名声と福祉にとってよいことになるであろう。

完

追伸　この協会の細目や様態については別に記述するつもりである。[48]

　　　　　　　　　　　（渡辺　学　訳）

48　ここで予告された「この協会の細目，様態」についての叙述は，ライプニッツの手稿のなかにはなかった。1670年代の若きライプニッツの著作物には，総じて言語というテーマへの論及は少なかった。ただ，彼の短い論文である「ドイツ的なるものを愛する組合」（初版1671）を見ると，自然科学と言語学の結合を企て，言語について簡略に記述するなかで『知性と言語』，あるいはまた，『私見』に似た考えも散見される。結局のところは，『知性と言語』においていわば荒削りに描かれた構想を最も詳しく継承し展開しているのは『私見』であり，その結論部（§114以降）には「ドイツ的志向の協会」の機構などについてのコメントがなされている。

ドイツ語の鍛練と改良に関する私見[1]

(1717年刊)

§1 ［知性を映す鏡としての言語[2]］

周知の通り，言語は知性を映す鏡である。ギリシア人，ローマ人，アラビア人の先例で明らかなように，民族が自らの知性を向上させるときには言語もまた同時によく鍛練されるものである。

§2 ［ドイツ国民の最高指導者］

キリスト教を奉ずるすべての国民のなかで，ドイツ国民は神聖ローマ帝国のおかげをもって優位を保っている。ドイツ国民は，神聖ローマ帝国の権威と特権を自らのものに，そしてまたその最高指導者[3]のものにした。ドイツ国民の最高指導者はその義務として，真の

---

1 翻訳の底本としたのは，ピーチュ〔Pietsch〕の編集によるテクスト Leibniz (1908) である（巻末の文献表，141頁を参照）。注を付けるにあたっては，このピーチュによる解説 (Pietsch 1907) および注，レクラム文庫版のテクスト Leibniz (1983) にペルクセン〔Pörksen〕が付した注，そしてシュマルゾウ〔Schmarsow〕(1877) による注を参考にした。手書き原稿の各版および出版の経緯については，「解説」110-111頁を参照。この『私見』の内容的構成は以下の通りである。「言語と知性」(§1-§15)，「外国語の受け入れと純化主義」(§16-§29)，「公的機関の設立」(§30-§31および§114)，「単語調査と辞書」(§32-§55)，「言語の豊かさ」(§56-§101)，「言語の純正さ」(§102-§109)，「言語の輝き」(§110-§113)。

2 翻訳では各パラグラフ数字のあとの［ ］内に，そこで扱われるテーマが何であるかを示した。（原文にはパラグラフ番号のみでテーマ見出しはない。）また以下，本文中の［ ］は訳者による補足である。

3 ハプスブルク家の神聖ローマ帝国皇帝のこと。当時は，レオポルト1世（在位 1658-1705）であった。

信仰を庇護し，普遍教会を保証し，全キリスト者の安寧を振興せねばならない。そうあってこそ，ドイツ国民の最高指導者は，他の高位の指導者たちの上に立つに値するのである。

§3　［ドイツ国民の努力の義務］

　したがって，ドイツ国民は自分たちがこの名誉にふさわしいことを示すべくなおさらに尽力せねばならない。ドイツ国民はまた，自らの最高指導者の名誉と崇高さが他の指導者たちに優るのにひけをとらないくらいに，自らの知性と勇敢さが他の国民に優るよう努めねばならない。そのような努力を怠らないならば，［ドイツ国民のことを］ねたむひとたちも恥じ入り，はっきりと公言はせずしぶしぶながらもひそかに心の中で，ドイツ国民の優秀さを確信することもありえよう。いわば，敵より魂をも勝ち取りたる勝者のごとく[4]。

§4　［言語を介した知性の鍛練］

　ドイツにおいて学問が興隆し軍紀が高揚した[5]あと，ドイツが今の時代に洋の東西の敵軍に対して勇壮であることが，神により与えられた偉大なる勝利によりふたたび明らかになった。実際，これらの戦いで勝利を収めるのに最も貢献したのはドイツ人であった[6]。今望

4　ラテン語で Ut qui confessos animo quoque subjugat hostes. この表現は，西ローマ帝国皇帝のホノーリウス〔Honorius〕の宮廷詩人クラウディアーヌス〔Claudius Claudianus〕（370頃-405）が献じた頌歌に由来する。

5　ブランデンブルク選定侯が常備軍を創設して，1655年までに兵卒2万6千人，大砲72台にまで大きくしたことを指していると考えられる。

6　オーストリア軍の将校であるオイゲン公（サヴォイ公オイゲン・フランツ）〔Prinz Eugen〕（1663-1736）が第2次トルコ戦争のなか1697年にハンガリーのモハーチとツェンタでオスマン・トルコ軍に勝利したこと，および同じくオイゲン公がスペイン王位継承戦争のなか1704年にヘヒシュテットで

まれるのは、ドイツ人が知性の点でも勝利を収め、賞賛されることである。そのためには、［戦争の場合と］同様にしかるべき手順に従って丹念に練習を重ねねばならない。それに必要となることすべてについて私は論じるつもりはないが、ただ述べておきたいのは、知性を的確に鍛える方法は、教師が生徒に教えるという形以外でも可能であることである。すなわち、人のこころをつなぎ合わせる言語を介して、日常生活の世間もしくは社会という偉大なる教師が知性を鍛えてくれる。

§5　［事柄に代わる単語］

　ただし言語を介する場合には、次の点に特に留意せねばならない。単語というものは思考をしるす記号であると同時に、事柄をしるす記号でもある。また、われわれがそのような記号を必要とするのは、ただ単に他人に考えを伝えるためだけではなく、記号が存在するおかげでわれわれが思考しやすくなるからである。われわれは知性を働かせる際に、［事柄そのものの代わりに］事柄の写し［である記号つまり単語］を用いている。それはちょうど、大きな商業都市においてまた賭け事などの際に、常に現金が支払われるわけではなく、最終的な決算または支払いまでは現金の代わりに紙片やチップが使用されるのと同じである。あれこれと多くについて考えねばならないときには特にそうであって、事柄の代わりとなる記号を用いることで、頭に事柄を思い浮かべるたびに一からその事柄について思考する必要がなくなるのである。したがって、いったん知性が事柄をうまく捉えてしまえば、口頭で話すときだけでなく、頭の中で思考して自問自答するときにも、事柄の代わりに単語を用いるだけで十

　1706年にトリノで勝利したことを指している。これらの功績により、オイゲン公はオーストリアが強国となる基礎を築いた人物とされる。

分にやっていけるのである。

§6　［単語の必要性］

　算数を教える教師が，どれほどかの見当をすぐにはつけられないほど大きな数を数字［というしるし］で書きしるさないで，時刻を数え上げるときのように指でひとつずつ数えてゆくようなことをすれば，いつまで経っても計算は終わらないことであろう。それとちょうど同様に，われわれが話したり考えたりするときに，実際にどんな意味であるのかをひとつひとつ思い描き終えてから初めて単語を口にするようなことをすれば，極端にゆっくりとした話し方になり，黙り込むことになり，思考の流れが必然的に止まってしまい，それから先に話すことも考えることもできなくなるであろう。[7]

§7　［知性の手形としての単語］

　したがって，単語というものが肖像と事柄に代わる［いわば］数字もしくはチップとしてしばしば必要になる。単語を用いることによって段階を踏んで総括してゆくことが可能となり，最終的な結論を下して事柄の核心へ到達できる。このことから，次の重要なことがわかる。すなわち，単語というものは知性の鏡としてそしていわば知性の手形として，的確に把握され区別されていて，十分な質と

7　現代言語学の理解によれば，われわれは言語活動（とりわけ日常的な話しことばの使用）において，言語体系（ラング）の既存の潜在的な語彙項目から通常あまり時間をかけずに，単語を選び出し（その都度創造するのではなく，再生産し），それを一定の統語規則に応じて配列し文表している（パロール）。話し手でも聞き手でも単語，文，発話の意味づけ，意味理解や解釈が半ば自動的に起こっていることは，決まり文句や慣用句などの使用状況を観察してもわかる。こうした現代的視点が，ライプニッツの所説には盛り込まれているように思われる。

ドイツ語の鍛練と改良に関する私見　43

量を伴い，流通が容易で便利なものなのである。

§8　［記号術による奥義の探求］

　英知学者（数学と関わるひとのことを，オランダ語の先例にならってドイツ語でWiß-Künstler「英知学者」と適切に命名することができる）たちは，記号術を発明した。いわゆる代数学は，このうちのひとつにすぎない。この記号術により今日では，昔のひとたちが到達できなかった諸事物を発見している。ただし記号術とは，的確な記号を用いること以外の何でもない。昔のひとたちは，カバラ[8]を大騒ぎしてもてはやし，単語［の文字］のなかに奥義を探求した。もしも数学だけでなくすべての学問，技術，実務に役立つような的確に考案された［理想的な］言語があったならば，昔のひとたちはその言語のなかに実際に奥義を見いだしたことであろう。カバラもしくは記号術は，ヘブライ語だけに求める必要はない。文字に関するこじつけ解釈をするのではなくて，単語を正しく理解し用いるのであれば，どの言語にも記号術は探求できる。

§9　［ドイツ語の具象語彙の充実］

　私が考えるに，五官で捉えることができ一般の人たちもよく出くわすような物すべてにおいて，とりわけ具象的な物や技術や手工業に関わる物において，ドイツ語はすでに充実している。学識者たち

8　ユダヤ神秘主義の奥義のこと。古代ユダヤ，ピュタゴラス教団，そして新プラトン主義の要素から生まれ，13世紀にスペインで理論的に確立された。数字を兼ねているヘブライ文字から宇宙の原理を表す数字を読み出すことで，すべての神秘を解読できると考えられた。15世紀末以来，カバラはルルス〔Raimundus Lullus〕（1232-1316）やロイヒリン〔Johannes Reuchlin〕（1455-1522），アグリッパ〔Heinrich Cornelius Agrippa von Nettesheim〕（1486-1535），パラケルスス〔Paracelsus〕（1493-1541，注108を参照）らに影響を与えた。

はほとんどもっぱらラテン語としか関わらず，母語については成り行きに任せるがままであったが，それでも母語は，いわゆる無学な一般人たちにより自然の教えに従ってうまく育まれてきた。私が思うに，例えば鉱業・採掘業に関してドイツ語ほど豊かにかつ明確に言い表せる言語はこの世に存在しない。そのことはまた，例えば狩猟業や放牧業や航行のように，日常一般の生活様式や職業すべてについても言えることである。大海に出るヨーロッパ人は，風の名称など海洋に関する多くの単語をドイツ人から，すなわちザクセン（サクソン）人，ノルマン人，ハンザ商人，オランダ人から借用している。

§10　［ドイツ語の抽象語彙の不足］

しかし他方，直接目で見たりさわって感じたりすることのできない物を言い表すには，ドイツ語には若干の不足がある。例えば，感情の動きや美徳・悪徳を表現するときや，倫理学と政治学に関わるさまざまな事柄を表現する場合がそうである。さらには英知を愛する者が思考術と事物に関する一般論（この2つは Logick［論理学］と Metaphysick［形而上学］という名で呼ばれる）において話題とするような，さらに抽象的で高尚な認識を表現するときに，ドイツ語の欠陥が目に付く。これらはすべて，一般のドイツ人には少し縁遠くあまり聞き慣れないものであったし，また学識者と廷臣たちはこれらを表現する際にほとんどもっぱらラテン語などの外国語を用い，外国語を濫用しすぎてきたのである。つまり，ドイツ語を根本的に

9　「英知を愛する者」（die Liebhaber der Weißheit）という表現で，ライプニッツは哲学者のことを表している。

10　現今の書法では，Logik と Metaphysik である。以下，原則としてライプニッツが綴ったままの書法でドイツ語を表記することとする。

高める能力がドイツ人に欠けていたのではなくて、そうする意思が欠けていたのである。一般の人たちが日々に関わる物すべてについてドイツ語で適切に表現できたのであるから、高貴で学識ある人たちに関わるような物も、もしその意思さえあったならば、純粋なドイツ語で（外国語でよりも適切にとまではいかないまでも）きわめて適切に表現することができたであろうことは疑いない。

§11 ［思考の試金石となるドイツ語］

さて、論理学と形而上学の専門用語に関するこのような欠陥は、残念ではあるが、たしかに今はある程度まで我慢するべきなのかもしれない。実際に私は、由緒ある主幹言語[11]たるドイツ語の賞賛すべき点として、ドイツ語が真正な事柄のみを言い表し、根拠薄弱な気まぐれなどまったく言い表さないことを挙げたことが何度かある（［ドイツ語は］愚かなものを知ることなし）。したがって私は、われわれドイツ人には他国民にはないような思考の試金石が特別にあるのだと、イタリア人とフランス人の前で誇ってみせるのが常であった。彼らがその話に興味を持って聞いてみたいと言ったときには、私は次のように説明した。その試金石とはドイツ語そのもののことであって、外国語から単語を借用したりまれな単語を使ったりすることなしにドイツ語のみで明確に言い表せる物は、本当に真正な事柄なのである。支えもなく軽い泡と化しているような思考しか表さ

---

11 「主幹言語」（Haupt-Sprache）は、17世紀のドイツで多くの言語研究者や国語育成家が用いた表現で、バベルの塔での言語混乱以前にすでに存在していた言語であるということを指す。例えばフランス語やスペイン語は、主幹言語であるラテン語から派生した2次的な言語であるのに対して、ドイツ語は太初から存在した1次的な言語であるとされた。17世紀における最も重要なドイツ語文法とされる、ショッテーリウス（注56を参照）の主著のタイトルは『ドイツ主幹言語に関する詳論』（1663）であった。

ないような空虚な単語は，純粋なドイツ語でありえない。

§12　［論理学と形而上学におけるドイツ語の拡充］

それでもやはり，論理学と形而上学[12]には他の学問・技術にも広く通用する有益なものが少なからずあるのは事実である。論理学と形而上学において論じられるのは例えば，限定，分類，結論づけ，順序づけ，基本規則およびこれらと対立する誤謬であり，さらには事物の同一性と相違性，完全性と不完全性，原因と影響，時間，場所，状態であり，またとくに範疇と呼ばれる特定の主要項目のもとに事物すべてを一覧できる形で把握する方法である。これらはすべて非常に有益なものであるので，ドイツ語もそろそろ［論理学と形而上学を表現できるように］拡充を計らねばならないであろう。

§13　［神学におけるドイツ語の拡充］

自然の最大の英知はとりわけ，自然という光のなかから神と魂と精神を認識することにある。その認識は，神が啓示する神学に関わるだけではない。その認識を確固たる基礎として，一般的には自然法および民衆法に関わる法律学を打ちたてることができ，また個別的には諸国の法律および政治学を打ちたてることができる。これらの領域において，ドイツ語はまだ若干の不足があり，改良する余地があると私は考える。

§14　［先人の実践例からの借用の可能性］

この［改良の］ために役立つものが，何人かの瞑想的な神学者たちが著した深遠な内容の著述物のなかに少なからず見られる[13]。夢想

---

12 「論理学」と「形而上学」のことを，ここでライプニッツは「思考術」（Denck-Kunst）と「本質学」（Wesen-Lehre）と表現している。

ドイツ語の鍛錬と改良に関する私見　47

と熱狂にすこし傾きがちな人たちですら，申し分のない単語と表現をいくつか用いた。われわれはこれらの表現をこの人たちから，エジプトの黄金の器のごといただいて，汚れを落としたあと正しい使用に供することができよう。このようにすれば，われわれはこの点［神学の領域］においてすらギリシア人とラテン人に対抗することすらできよう。

§15　［ドイツ語の抽象語彙の拡充］

しかしすでに述べたとおり[15]，ドイツ語に最大の不足が感じられるのは，道徳，感情の動き，日々の営み，行政，そして様々な市民生活と国家業務に関わる単語についてである。この欠陥は，なにかを別の言語からドイツ語に翻訳しようとしたときに，おそらくはっきりわかるであろう。この種の単語と表現は最も頻繁に目にするものであり，有能な人たちが日々に交際し書簡をやりとりするなかで必要となる。したがって，とりわけこの種の［外国語の］単語と表現をドイツ語で置き換えることを考えるべきである。またそれらを言い表すドイツ語がすでに存在しているのにもかかわらず忘れ去られてしまっている場合には，このような単語を復活させることを考

13　ドイツの神秘主義者たちのことを指している。代表的な神秘主義者は，マイスター・エックハルト〔Meister Eckhart〕（1260-1329），タウラー〔Johannes Tauler〕（1300-1361）である。彼らは自らの内的体験など，言うに言われぬ抽象的な概念をなんとか言語化してドイツ語で表現するよう努めた。例えば，unaussprechlich「言うに言われぬ」，entzückt「恍惚とした」，anschaulich「直感的な」，gelassen「平静な」，Eindruck「印象」，Einfluss「影響」，Empfindlichkeit「感受性」という今日用いられているドイツ語は，この神秘主義者たちにその成立を負っている。

14　ベーメ〔Jacob Böhme〕のことを指していると考えられる。ベーメについては，本訳書『知性と言語』注38を参照。

15　§10を参照。

てみるべきである。どうしてもドイツ語で適切な単語と表現が見いだせないときには,適切な単語と表現であれば外国語であっても市民権を認めるべきである。

§16 〔完全な純粋さを追求する危険〕

つまり,言語についてピューリタンになるべきであるとか,使い勝手のよい単語を迷信的な恐怖心から外国語由来という理由で死刑に値するものかのように避けるべきであるという考え方を,私はもってはいない。そのような考え方を採るならば,結局われわれは衰え弱り,われわれの表現の仕方から力が奪い去られるであろう。あまりに極端なうわべだけの純粋さは,透かし細工の工芸品に長時間にわたり磨きをかけて逸品に仕上げようとするあまり,最後にはそれをもろい物にしてしまう名匠の姿に例えることができる。これは,オランダ人の言う「完全病」というものにかかり寝込んでいる人たちに見られる。

§17 〔フランスの純化主義者に対する批判〕

記憶によれば,その種の純化主義者たちがフランスにもいたことを聞いたことがある。今の思慮分別のある人ならわかるように,この純化主義者たちは実際のところ言語を少なからず貧困にしたのである。それについて,著名なモンテーニュの養女である学識高いドゥ・グルネが次のように述べたということである:「この人たちが書いたものは真水のスープのようなもので,不純物もなければ力もない」[16]。

---

16 この表現は,ドゥ・グルネ〔Marie de Gournay〕(1565-1645)がモンテーニュ(1533-1592)の著述の新版(1635)を編集した際に書かれた序言にある。

§18 ［イタリアにおける完全な純化主義の失敗］

そしてまた，イタリアの「クルスカ学会」つまり「ふるい布の協会」[17]は，もみ殻を良質な小麦粉から分けるように悪しき単語を良き単語から分けようとしたが，水も漏らさぬ厳格なやり方のため目的の達成に少なからず失敗した。そのため，現在の会員たちはクルスカ学会の辞典の最新版を作成する際に，かつては排除された単語の多くを裏口のほうから入れざるをえない状況に追い込まれた。[18]学会はかつてイタリア全土をフィレンツェのことばの規則に従わせ，学識者たちをきわめて狭い枠のなかに閉じこめようとしていた。[19]自ら

---

17 クルスカ学会については本訳書『知性と言語』注18を参照。ライプニッツが「ふるい布の協会」と言ったのは，ふるい布は純粋な小麦をもみ殻から分けるために用いられたからである。ちなみに，ドイツ語の慣用句に die Spreu vom Weizen trennen/scheiden（もみ殻を小麦からふるい分ける）というものがある。この言い回しは，新約聖書マタイによる福音書3章12節の，「麦を集めて倉に入れ，殻を消えることのない火で焼き払われる」という，救われる者と神の怒りに遭う者とを対照した個所に由来している。

18 クルスカ学会が出版した『国語辞典』〔Vocabolario degli Accademia della Crusca〕は，本来は13世紀の古典的なイタリア語を収集する辞典として計画され，16・17世紀当時のイタリア語は奥へ押しやられていた。この点を批判したベーニ〔Paolo Beni〕(1552–1625) やマラヴォルティ〔Ubaldino Malavolti〕らの意見にクルスカ学会は譲歩し，以前は排除されていた語彙の多くを取り入れざるを得ない状況に至った。§105を参照。

19 ダンテ（1265–1321, 注148を参照）は『俗語論』(1305以降に完成）においてイタリア語という俗語の「高貴さ」を理論的に根拠づけ，イタリア国民文学の最初の作品として叙事詩『神曲』をトスカナ地方のフィレンツェ方言に基づくイタリア語で書いた。このことによって，フィレンツェ方言の優位が決定的となった。さらに，その後さらにペトラルカ（1304–74, 注147を参照）とボッカッチョ（1313–75）の登場により，フィレンツェ方言は威信を高めた。16世紀初めに，ベンボ〔Pietro Bembo〕(1470–1547) が『俗語による散文』(1508–25) のなかで体系的なイタリア語文法，文体論，イタリア語史，イタリア文学史の基礎を築き，フィレンツェ方言を文学語へと高めた。ベンボは，韻文についてはペトラルカを，散文についてはボッカッチョ

もフィレンツェ人である高貴な某クルスカ学会員から私が直接聞いたことには，その人物も若い頃はトスカナ中心主義という迷信にとらわれていたが，今はそれから解放されているということであった。

§19 ［ドイツにおける純化主義への警告］

同様にまた，幾人かの「実りを結ぶ会」の会員[20]やその他のドイツの協会の会員はこの点において行き過ぎを犯し，それによって他の人たちを不必要に刺激し敵に回してしまったのはたしかである。彼らは石を一度に持ち上げようとし，曲がったものすべてをまっすぐにしようと考えたが，そのようなことは障害をかかえた手足をまっすぐにするのが不可能であるのと同様にできない相談である[21]。

§20 ［現今のドイツでの外国語濫用］

今や，ドイツにおいては災いがさらにひどくなり，ごたまぜが恐ろしいほど蔓延したと思われる。例えば説教壇上の司祭，官庁の役人そして市民たちが，書くときも語るときも，自分たちのドイツ語

を模範として示した。1612 年に出版された『国語辞典』は，ほとんどトスカナ語フィレンツェ方言の文章語を基礎にし，話しことばをなおざりにした。
20 「実りを結ぶ会」については，本訳書『知性と言語』注 22 を参照。
21 ライプニッツがここで批判しているのは，17 世紀のドイツにおける言語純化主義の行き過ぎである。ドイツ語としての市民権を得ていたはずの単語を強引にドイツ語化しようとした，ツェーゼン（注 100 を参照）の行き過ぎた例は，後世によく言及された。それには，例えば Natur「自然」を Zeugemutter「生みの母」に，Nonnenkloster「尼僧院」を Jungfernzwinger「処女の牢獄」に，Fenster「窓」を Tageleuchter「昼間の燭台」にドイツ語化したものなどがある。ただしこの時代のドイツ語化のなかには，次の例のように今日なお用いられる有用な単語も多く提案されたことも忘れてはならない：Briefwechsel「文通」，Grundsatz「原則」，Nachruf「追悼の辞」，Verfasser「著者」，Doppelpunkt「コロン」，Mundart「方言」，zweideutig「両義的な，曖昧な」など。

ドイツ語の鍛錬と改良に関する私見　51

を情けないフランス語で台なしにしている。したがって，もしもこの状態が続き，これに対して何ら対抗策をとらないならば，アングロサクソン語がイギリスで失われたように[22]，ドイツ語がドイツで失われてしまうことにほとんどなろうとしている。

§21　［外国語の軽率な受け入れ］
　われわれの由緒ある主幹言語かつ英雄言語[23]であるドイツ語が，われわれの不注意から没落するようなことになれば，それは永遠の後悔と恥辱となろう。異国の言語を受容すると，概して自由が失われ異国による拘束を受けることになるのであるから，そのような事態になればほとんど何も良いことが期待できないであろう。

§22　［他言語への切り替えによる思考力の低下］
　また，もしそのように新たな言語へと移行するならば，混乱は避けられない。かき混ぜられたものすべてがふたたび沈静化し，いわば発酵した飲み物のごとく澄み通るのには，百年も百年以上もかかることであろう。その長い時間の経過のなかで，語ったり書いたりするときの自信のなさから，ドイツ人の心は少なからず朦朧とした不明瞭さを感じざるを得ないことになろう。というのも，たいてい

22　英語が純粋性を喪失した，一種の混合言語であると見る見方は，17世紀ドイツにおいてきわめて一般的であった。1066年に北フランスのノルマンディー公ウィリアム1世によってイギリスが征服されて（いわゆるノルマン・コンクエスト）以降，英語の語彙はフランス語により根本的な影響を受けた。一般に，憲法，行政，宮廷，芸術，学問などに関連する高級語彙は圧倒的にフランス語系の単語によりとって変わられた（§68を参照）。
23　「主幹言語かつ英雄言語」〔Haupt- und Heldensprache〕という表現は，17世紀の国語育成に関する論述の中で，ドイツ語の由緒正しさを形容する表現としてよく用いられた。（注11も参照）

の者は長期にわたって外国語の単語の用い方が正しく把握できず，惨めな書き方や誤った考え方をしてしまうのであるから．それによって言語は，蛮族の侵入時や無秩序状態下また異国の圧制下と変わらず，著しい変化を被ることとなる．

§23　［急激な対抗策の失敗］

　さて，猛烈な勢いで押し寄せてくる急流や洪水に対しては，強固な堤防とか障害物を置いて防ぐよりは，初めはたわむことがあってもゆっくりと時間をかけて沈静をもたらし強固さを増すようなもので防ぐべきであろう．このような方策を，いま話題にしていること［外来語の流入］に関しても採るべきであったであろう．しかし実際には，この災いが広がるのを一度にせき止めようとして，すでに市民権を得ている単語を含めすべての外来の単語が締め出そうとされたのである．教養のあるなしを問わず全国民がこのようなあり方に敵対的態度をとり，部分的に良い点のあった計画がほとんど物笑いの種にされてしまった．そのため，もしもっと穏健な方策をとっていたならば達成することができたはずのものも達成できなくなった．

§24　［外来語受け入れの意義］

　ドイツ語［への外来語輸入］に関してどのような成り行きであったのかは，帝国議会議決文やその他のドイツ語の公文書を見れば明らかである．宗教改革の世紀［16世紀］には，かなり純粋なドイツ語が語られていた．ただしその世紀の終わりになって，皇帝官房や異国出身の召使たちを通じてわずかではあるがイタリア語の単語と一部スペイン語の単語が忍び込むことはあった．フランスでもメディチ家出身のカトリーヌ王妃[24]の時代に，ひとびとは同様のこと［外来語の流入］に気づき，例えばアンリ・エティエンヌ[25]がそうで

あるが，わざわざ著作を書いて反対の意思を示した。しかしそのようなこと［外来語の受け入れ］は節度をもって行われるのであるならば，変更するべきでもまたあまり批判しすぎるべきでもない。それどころか，優れた事物がその名称とともに新しく異国から入ってくるような場合にはとくに，賞賛するべきことですらある。

§25　［三十年戦争時のドイツ語の略奪］

しかし，三十年戦争が勃発して拡大するのにともない，国内外の軍隊がドイツで洪水のようにあふれかえり，われわれの財産だけでなく，われわれの言語も略奪された。この時代の帝国公文書は，われわれの祖先が恥ずかしく思うような単語で満たされているのがわかる。

§26　［三十年戦争以後のフランスかぶれ］

その時までは，ドイツは皇帝側のイタリアとスウェーデン側のフランスとの間でいわば均衡を保っていた。しかしミュンスターの講和[26]とピレネー[27]の講和以降，ドイツは支配力の面でも言語の面でもフランスに左右されることになった。フランスがいわばすべての洗練

24　カトリーヌ・ド・メディシス〔Catherine de Medicis〕(1519-1589) は，アンリ2世の王妃で，3人の国王（フランソワ2世，シャルル9世，アンリ3世）の母である。夫の死後，政治の表舞台へ出た。
25　エティエンヌ〔Henri Estienne〕(1531-89) は，フランスの人文主義者であった有名な書籍印刷業者の3番目の後継者であり，古典ギリシアの作家たち作品を多く編集・出版し，また『ギリシア語辞典』(1572) を編集した。ここでライプニッツが指しているのは，1578年にジュネーブでエティエンヌが出した『イタリア語風になった新しいフランス語についての対話』のことである。
26　本訳書『知性と言語』注14を参照。
27　10年にわたるフランスとスペインとの間の戦争を1659年に終結したピレネー条約のことである。スペインがフランスに領土を割譲することとなり，フランスの国力がさらに強大となった。

さの模範とされたのである。ドイツの若者たちも若い紳士たちも自らの故国のことを知らずに、フランスのすべてを賞賛する。彼らは異国人たちに自らの祖国が軽蔑されるだけでなく、彼ら自らが軽蔑されてしまうことに加担した。彼らは、彼らの未熟さからドイツの言語と習慣に対して嫌悪感を抱いてしまい、年齢をかさね知性をつけて行ってもその嫌悪感を断ち切れないでいる。このような若者はたいてい、才能のゆえにではなく（才能のある者も何人かはいるが）その出生と富裕さなどの理由で、その後名声を獲得し高い官職に就くので、そのようなフランスかぶれたち[28]が長年にわたってドイツを統治することとなったのである。彼らはドイツをフランスの支配下に置きはしないものの（あやうくフランスに支配されるところではあったが）、ドイツをフランスのモードと言語に従わせた。ただし、彼らはその他の点では国家にとって良き愛国主義者であり続け、不十分ではあっても（わずかながらでも）最終的にドイツをフランスの束縛から救い出すのに力を尽くしたのではある。

§27　［異国のものの導入の長所］

　それでも、私は万人を公平に評したいと思うので、今述べたようなフランスかぶれや異国かぶれによって、優れたものが多くドイツへ伝えられたことを否定するつもりはない。例えば、イタリアからは伝染病に対する優れた予防法を学び、またフランスからはすぐれた軍事制度を学び取った[29]。この軍事制度によって、独立主権をもつ

28　ライプニッツは主としてハノーファーとヴォルフェンビュッテル・ブラウンシュヴァイクの王子たち、とりわけアントン・ウルリッヒ侯（注98および解説111頁を参照）を示唆しているものと考えられる。
29　この軍事制度とは、とくに選定侯フリードリッヒ・ヴィルヘルム1世（1620-1688）によるプロシア軍の設立のことを指している。

偉大な王[30]はすでにもっともうまく他の王たちに先んずることができたのである。さらには，ドイツ人のまじめくささが幾ばくかの陽気さで緩和され，とくに生活様式のいくつかの点が洗練され豊かにされ，またおそらくは快適になった。そして言語自体に関しては，異国から入ってくる植物のように，いくつかの良い表現がわれわれの言語のなかへ伝えられた。

§28 ［許容される外面的な異国受容］

したがって，もしわれわれが今までよりはもう少しドイツ的志向であろうとする気になれば，そしていわばフランス風であったこの30年そこそこよりはもう少しドイツの国家と言語を誇らしく思うようになるならば，われわれは悪を善へと戻して，われわれの不幸のなかから有益なものを引き出す[31]ことができるであろう。そうすることで，われわれの内面の核となっている昔ながらの誠実なドイツ語をふたたび探し出すこともできるし，またフランス人やその他の国民から奪い取った見ぎれいな外観をドイツ語に新たに与えることもできよう。

§29 ［現在見られるドイツ語改良の成果］

ドイツ語を改良し調査することに特別な熱意と愛情を見せる有能な人が，ときおり見出される。また，このような有能な人のなかには，―― なかなか難しくて，ドイツ語の場合にはまれにしか見られないことではあるが――ドイツ語で書くのが非常に上手で，ドイ

---

30 ルイ14世（1638-1715）のこと。ルイ14世は，ブルボン朝第3代のフランス王で，「太陽王」と呼ばれた。
31 ここでは，イタリアの数学者・哲学者であるカルダーノ〔Gerolamo Cardano〕(1501-1576) が1561年に出した不幸の有用性についての著作が示唆されている。

ツ語を純粋にしかも力強く表現するのを心得ているひとも少なくはない。とある意識の高い学識者が最近，さまざまな学問をドイツ語で申し分なく論じている書物のリストを作った[32]。また私の見るところでは，レーゲンスブルク[33]およびその他の場所で今のドイツ人たちが書く国家関連の文書のなかに，特別で思慮に富んだものがしばしば姿を現している。もしもそのような文書から，服に付いたしみを洗い落とすように，余計な外国語が可能な限り洗い落とされることがあれば，ドイツ語にまばゆい輝きが与えられることであろう。

§30　［公的なドイツ語育成機関設立の提案］

しかし，このような規模の大きな［ドイツ語育成の］仕事を成し遂げるには，私的な機関よりも大きなものが必要であるように思われる。したがって，どなたか高貴な指導者の提案によって特定の集まりないし団体が設立されて初めて，一般の助言とよき理解を得ることができ，この仕事に対して熱心でいっそう良い援助の手が差し伸べられることになろう。

§31　［その機関の目標］

その主たる目標は，ドイツ国民が愛する祖国の繁栄ということになるであろう。しかし，この機関の特別な目的および対象はドイツ語に，つまりドイツ語の改良と洗練と調査に向けるべきであろう[34]。

32　ショッテーリウス（注56を参照）のことを指している。彼の『ドイツ主幹言語に関する詳論』（1663）の1149-1214頁に，「ドイツ，ドイツ人，ドイツの状態，制度，歴史について，そしてとくにドイツ語について著し，そしてドイツ語で何か特別なことと奇異なことを昔にまた今現在書いている人々と著述家たちに関する［...］報告」がなされている。

33　レーゲンスブルクは，1663年から1806年まで永続的帝国議会の所在地であった。

34　§30と§31でライプニッツは，少し不確かなことばではあるが，ドイツ

§32 ［ドイツ語の単語調査の必要性］

　言語の基礎および基盤は単語であり，その単語という土壌の上でいわば表現という果実が成長する。したがって，ドイツ語という由緒ある主幹言語に必要な主たる仕事のひとつは，ドイツ語のすべての単語を点検し調査することになろう。この点検と調査を完全なものにしようとするならば，誰もが用いている単語だけでなく，特定の生活様式と技術に固有な単語も対象とするべきである。そして，今日書かれることばとして唯一広く流布している高地ドイツ語と呼ばれるものの単語だけでなく，低地ドイツ語[35]，マルク語[36]，上部ザクセン語[37]，フランケン語[38]，バイエルン語[39]，オーストリア語，シュヴァーベン語[40]も，また都会でよりも田舎で聞かれることのほうが多いドイツ語も，調査の対象とするべきである。さらには，ドイツで用いられている単語だけでなく，オランダ語と英語に見られるドイツ語起源の単語も，さらにはとくに北ドイツ人［北ゲルマン人[41]］つまりデンマーク人，ノルウェー人，スウェーデン人，アイスランド人

　　のアカデミー創設を提案している。§114も参照。
35　北ドイツ地域の方言の総称で，西低地ドイツ語と東低地ドイツ語に区分される。
36　マルク・ブランデンブルク地域の方言。東低地ドイツ語のひとつ。
37　ライプツィヒ，マイセン，ドレースデンなどの地域の方言。東中部ドイツ語のひとつ。
38　西中部ドイツ語に属する中部フランケン方言（ケルン，コブレンツなど）とラインフランケン方言（ヴォルムス，ハイデルベルクなど），および上部ドイツ語に属する東部フランケン方言（ニュルンベルク，ヴュルツブルクなど）と南部フランケン方言（カールスルーエ，シュヴェービッシュ・ハルなど）を総称する。
39　ミュンヘン，ザルツブルク，ウィーンなどの地域の方言で，バイエルン・オーストリア方言と併記して呼ばれることもある。上部ドイツ語のひとつ。
40　シュトゥットガルト，ウルムなどの地域の方言。上部ドイツ語のひとつ。
41　注47および§45を参照。

（アイスランド語には，太古のドイツ語が特に多く残っている）の単語も，調査の対象とするべきである。そして最後にまた，今の世界で話されていることばだけでなく，忘れられ消え去ったことば，つまり古ゴート語，古ザクセン語，古フランケン語も対象とするべきである。[42]これらは，卓越したオーピッツ[43]が取り組む価値を見い出した太古の書き物と韻文に見られる。このように［さまざまな種類の単語を］対象としなければ，真の起源に到達することができないのである。［ちなみに］真の起源というものは，普通の人の発音に現れていることがよくあり，例えば皇帝マキシミリアン1世[44]は，スイス人がハプスブルク（Habsburg）のことをハビヒツブルク（Habichtsburg）と発音する[45]のを聞いて，それ［この単語の起源がオオタカにあること］がとてもお気に召したということである。

§33 ［3種類の辞典の必要性］

ただし，単語の調査に際しては明確な区別をひとつするべきであろう。すなわち，有能な人たちが今日書いたり語ったりするときに普通に使っている単語と，専門用語・地方語・外来語・古語とを区別せねばならない。したがって，普通によく使われる単語にも多様性があることについて今はさておくとして，［今挙げた区別に対応させて］個別に数種の書物を完成させることが必要であろう。すな

---

42 「古」という前綴りは一般的に，より古い言語段階を指す。今日の術語では，「古ゴート語」はゴート語に，「古ザクセン語」は古サクソン語と中低ドイツ語に，「古フランケン語」は中高ドイツ語に対応すると言える。

43 オーピッツについては，本訳書（25頁）『知性と言語』注32を参照。

44 神聖ローマ帝国皇帝，マキシミリアン1世（1459-1519）。注105も参照。

45 Habichtsburgとは「オオタカの砦」という意味である。ここで言及されている説明は，Habichtがスイスの一部でそうであるようにHapchとして発音されることを前提としている。

わち，普通に使っている単語だけを扱う書物，専門用語を扱う書物，そして古語と地方語を扱い語源調査に役立つような書物の3種である。第一の書物を言語の使用［書］，ラテン語でLexicon［意味辞典］と呼び，第二の書物を言語の財宝［の書］または豊饒［の書］と呼び，第三の書物を言語の源泉［の書］またはGlossarium［注解辞典］と呼びたいと思う。[46]

§34　［専門用語・古語・方言への関心の欠如］

　ドイツ語を改良しようとするひとたちで，古フランケン語［中高ドイツ語］，ドイツから見て北方と西方にある巡礼者のごときドイツ語のなごり[47]，そして技術と手工業の専門的表現，また普通の人の話す地方語のことを気に留めようとする人はごくわずかしかいない。このことは，たしかに事実でありまた自明でもある。というのも，これらのことばは，特定の学識者と好事家たちだけの関心事であるから。

§35　［3種類の辞典を備えた現今のフランス］

　しかしながら，言語を完全に磨き上げるためには，上述のような

46　ライプニッツはドイツ語では順にSprachbrauch, Sprach-Schatz, Sprach-quellと表現している。

47　言われているのは，ドイツ語以外のゲルマン語のことである。英語，デンマーク語，スウェーデン語は故郷から押し流されたドイツ語の一部分と考えられた。§32と§45ではライプニッツはさらにはっきりと，スウェーデン人，ノルウェー人，アイスランド人，デンマーク人を「北ドイツ人」と呼んでいるのでもわかるように，「ドイツ語」という表現で「ゲルマン語」全体が包括されている。これは，ライプニッツに限らず当時のドイツでは一般的なことであった。ちなみに，グリム〔Jacob Grimm〕の著書 „Deutsche Grammatik"（1819）にあるdeutschも，ドイツ語という意味ではなくゲルマン語全般を指している。

単語［専門用語・古語・方言］のことにも留意することが必要である。フランス人がこの点において成功していることを，われわれは認めねばならない。今やフランスは，上で挙げた3種類の辞典すべてをフランス語に関してしかるべく備えもっている。また，いわゆるアカデミー・フランセーズは，前もって予定していた普通一般の単語を収録する主たる辞典を編集しただけでなく，フュルティエールが技術［の専門用語］に関する辞典も編集し始め，この仕事はもうひとり別のアカデミー会員によって続けられた。このなかには誤った点と不足な点がきわめて多く見られるにしても，優れたものも多く含まれているのである。ちょうど増補がなされたばかりの，学識あるメナージュのすばらしい著作も，このような優れたもののひ

---

48 フランス語に明確な規則を与え，純粋なフランス語を育成することを課題としたアカデミー・フランセーズ〔Académie française〕は，1635年にルイ14世により国家機関として設立された。その課題を果たすために，規範的な辞典，文法書，修辞学書，詩学書を作成することが目指された。

49 アカデミー・フランセーズの辞典は，55年間をかけて1694年に完成され，これによりフランス語の文章語が確固たるものとなった。この辞典は全語彙を収集するのではなく，「よきフランス語」を収集することが意図された。なお，いわゆるアカデミー辞典は，その後1718年，1740年，1762年，1798年，1835年，1878年，1932–35年，そして1992年に改版された。

50　作家のフュルティエール〔Antoine Furetière〕(1619–88)は，1662年にアカデミー・フランセーズ会員となったが，実務と専門に関わるような語彙やブルジョアジーの語彙をアカデミー辞典に入れたため，1685年にアカデミーを除名された。1690年に公刊されたフュルティエールの『フランス語のための百科事典』は，アカデミー辞典とは違って，専門用語と古語も含めて広く語彙を取り入れたものであった（後続の§37を参照）。この点におけるアカデミー辞典の不足を補うため，アカデミー・フランセーズもコルネーユ〔Thomas Corneille〕(1625–1709)に委託して，『学芸・学問辞典』(1694)を公刊させた。ライプニッツがここで「もうひとり別のアカデミー会員」と言っているのは，このコルネイユのことである。

51　メナージュ〔Gilles Ménage〕(1613–92)，フランスの詩人・文法家。著書『フランス語の起源』(1650；第2版1694)は，古語および民衆的な語彙を

とつに入る。メナージュは，単語の起源を調査し，古語やときには農民の単語も引き合いに出しているのである。

§36　［学問を促進する専門用語辞典］

　周知の通り，「もみ殻の会」と名乗ったイタリアの国語協会は，当初から辞典のことを考えていた。また，リシュリュー枢機卿[52]がアカデミー・フランセーズを設立したとき，彼もまた直ちに辞典編纂を仕事のひとつとした。しかしながら，このどちらの国の協会も一般の単語だけにしか関わらず，実際に「もみ殻の会」がそうしたように，専門用語を脇に放っておいてかまわないという思い違いをした。私は，フランスで何名かの高貴な［アカデミー］会員たちに直接，専門用語をなおざりにすることは良くないと私見を述べたことがある。私の考えでは，そのような考え方は先駆者であるイタリア人には許すことができるにしても，強力な王のもとで繁栄している王国［フランス］で卓越した人々がこれほど多く集まっているアカデミーには，もっと多くのことが期待される。すでに良く理解しているひともいるが，専門用語を明らかにすることを通じて，学問自体が明らかにされ促進されるのであるから。

§37　［フュルティエールの専門用語に関する業績］

　にもかかわらず［フランスでは］専門用語に関する仕事はその間に一向に前進を見せなかったので，フュルティエールという名の一

　　考慮しており，単語研究に役立つものであった。また1669年には最初の語源辞典を書き，『語源辞典』（全2巻，1694）のタイトルで再版した。彼の『フランス語に関する観察』（1672および1676）は，とりわけヴォージュラ（注143を参照）の『フランス語に関する論評』（1647）に対する批判的発言であった。
52　リシュリューについては，本訳書（17頁）『知性と言語』注21を参照。

会員が，自らの興味から専門用語にも取り組んだ。それをアカデミーは悪く取り，彼の仕事を妨害した。そしてフュルティエールの著作がオランダで出されると，アカデミーは同じ仕事を別の会員に委託した。今の場合，理性によってもたらすことができなかったものを，情熱が実現させたのである。

§38 ［イギリスでの専門用語辞典］

また私は何年か前に，当時まだ出版されていなかったフランス語辞典に劣らないような大きな辞典が，イギリスでも計画されているという情報を得た。そのとき私は，フランス人も専門用語に関して改良を考えているという情報を得ているということを示して，イギリス人たちに専門用語のことも念頭に置くようにと直ちに勧めた。現在私は，イギリス人が本当にそれに取りかかっていると聞いている。[53]

§39 ［専門用語の比較による学問の進歩］

私はまた，イタリアでも他国に負けないよう，この［専門用語に関する］欠陥を同じく補う日が来ることを望む。私は良き友人たちにさえ，このことをあえて提唱しているほどである。国によって得意とする技術が異なっており，どの技術についても特別な名称と表

---

53 イギリスでは，17世紀に入ってから，イタリアとフランスの模範にならって英語アカデミーを設立する動きがあり，17世紀末にはアカデミーの思想は一般に浸透していた。スウィフト〔Jonathan Swift〕(1667-1745) は，フランスの事例を念頭に置いて，1712年に『英語を矯正し改良し確定するための提案書』を公表した。これが英語アカデミー運動の頂点であったが，最終的には成果がなかった。イタリアとフランスの辞典に匹敵する英語辞典は，1755年のサミュエル・ジョンソン〔Samuel Johnson〕(1709-84) の『英語辞典』まで待たねばならない。

現が他のどこよりも多く作られているしかるべきところと国が存在する。したがって，このようにして多くの国の専門用語がすべてそろえば，それらを相互に比較することによって，さまざまな技術に大きな明かりが灯されるであろうことは疑いない。

§40 ［未知の事物を認識させる未知の単語］

すでに述べた通り[54]，ドイツ人が実際的な自然物と技術に関して他のすべての国民に優ることは証明されている。したがって，ドイツ語の専門用語を収集した書物は良い情報を与えてくれる貴重な財宝であり，いままで情報を欠いて来た聡明なひとたちにすばらしい考えや発明を思い付く機会をしばしば与えるであろう。すでに述べたように[55]，単語と事物とは対応し合っているのであるから，一般に知られていない単語を明らかにすることは，知られていない事物を認識することに必ずつながる。

§41 ［語源辞典編纂の先駆者たち］

言うまでもなく，語源注解辞典もしくは言語の源泉［の書］を仕上げることはこの上なく素晴らしいことである。日常の使用に役立つものではないにせよ，それによって国民は誇りと名声を得ることになり，また古代の状況と歴史を解明するのに役立つ。それに従事したのは，ドイツではショッテル[56]，プラッシュ[57]，モルホーフ[58]，フラ

---

54 §9参照。
55 §5参照。
56 ショッテル（ショッテーリウス）〔Justus Georg Schottel/Schottelius〕(1612-76)。17世紀最大のドイツ文法家とされる。また作家，法律学者でもあった。「実りを結ぶ会」会員の中で中心的役割を演じ，彼の『ドイツ語文法』(1641)および『ドイツ主幹言語に関する詳論』(1663)は造語理論に立脚してドイツ語の規範を確定するもので，その後の超地域的なドイツ文章語の発

ンスではメナージュ[59]、イタリアではフェラーリ[60]、イギリスではスペルマン[61]、北方諸国ではヴォルム[62]もしくはヴェレル[63]である。

§42 ［ヨーロッパを解明するドイツ語］

　半分ドイツ人であるイギリス人はもとより、フランス人、イタリア人、スペイン人も多くの単語をドイツ語から取り入れており、彼らの言語の起源は大部分をドイツ語に求めねばならないことは明白であり、また一般に認められている[64]。したがって、ドイツ語を調査

　　展に対して大きなインパクトを与えた。
57　プラッシュ〔Johann Ludwig Prasch〕(1637-90)。法律家、言語研究家、詩人。「ドイツ的なるものを愛する協会」〔die deutschliebende Gesellschaft〕を設立するために尽力した。この協会の主たる目的は、ギリシャ語・ラテン語・イタリア語・フランス語・スペイン語の語源を研究して、それらが本来ドイツ語に由来することを証明することであった。『ドイツ語による詩の卓越性と改良に関する綿密な報告』(1680)、『ラテン語がドイツ語に由来することに関する論究』(1686)、『バイエルン語辞典』(1689) などがある。
58　モルホフ〔Daniel Georg Morhof〕(1639-91)。詩人、文学史家。ライプニッツと文通があった。1682年に『ドイツ語とドイツ語の詩、その起源、発展および規則に関する授業』を書いた。このなかで、語源およびドイツ語史に関する広範な知識に基づいて、ドイツ文学史を記述する最初の試みが行われた。
59　注51を参照。
60　フェラーリ〔Ottavio Ferrari〕(1607-82)。イタリアの人文主義者、文献学者。1676年に『イタリア語の起源』を書いた。
61　スペルマン〔Henry Spelman〕(1562-1641)。イギリスの好古学者。中世の記録を収集し、1626年に『好古学辞典』で古ザクセン語を利用した。
62　ヴォルム〔Ole Worm または Olaus Wormius〕(1588-1654)。デンマークの医師、ルーン文字研究家、好古学者。デンマーク語とノルウェー語のルーネ碑文に関する大著『デンマークの記念碑』(1643) により、デンマークのルーネ学を拓いた。
63　スウェーデン人のヴェレル〔Olof Verel〕(1682没) のことを指している。彼は、古ノルド語のサガをスウェーデン語の翻訳とともに編集した。彼の書いた古ノルド語辞典 (1691) は、死後に出版された。

することは、われわれドイツ人に光明をもたらすだけでなく、ヨーロッパ全土にも光明をもたらす。これは、われわれのドイツ語にとって少なからず栄誉なことである。

§43　［ラテン語の起源としての太古のドイツ語］
　そしてさらには、昔のイタリア人、ケルト人[65]、そしてまたスキタイ人[66]が、ドイツ人といっしょにひとつの大きな共同体を持っていたことが知られている。イタリアの最古の居住者は、海からではなく陸からやって来た、つまりドイツ民族およびケルト民族の一部がアルプスを越えてやって来たのである。したがって、ラテン語は、実際に見られるとおり、太古のドイツ語に多くを負っている。

§44　［広域に広まっていたドイツ語］
　そして、ラテン語はそれ以外の残りの単語をギリシアの居留地（コロニア）から取り入れた可能性がある。しかし、ドイツの内外を問わず学識者たちの考えによれば、ギリシアでもかつてはまさにラテン語の場合と同様のことが起こっていた。つまり、ギリシアの最初の居住者はドナウ川およびその周辺地域からやって来て、そののちに小アジア、エジプト、フェニキアから海を越えてきた人々と居住地を交え合った。ドイツ人は、昔はゴート人（もしくはゲテ人[67]

64　フランス語、イタリア語、スペイン語の単語のなかにドイツ語（ゲルマン語）起源のものがあることを「証明」することを、16世紀末以降多くの学者が試みていた。

65　今日でも、ゲルマン人が言語系統としてケルト人およびイタリキ（古代イタリア民族）と類縁関係にあったという説がある。

66　紀元前6世紀から紀元前3世紀にかけて黒海北方の草原地帯に居住した、遊牧騎馬民族。

67　ダキア人ともいう、トラキア族の一種族。ダキア地方は現在のルーマニア

そして少なくともバスタルン人[68]という見解もある）という名で，ドナウ川河口付近やさらには黒海沿岸に住んでいて，一時期は小タタールを占有し，ほとんどボルガ川沿岸にまで及んだのである。この理由により，ドイツ語の単語がギリシャ語に大変に多く見られ，さらには多くの学者が述べているように，ペルシャ語にまで入ったということも驚くには値しない。ただし，私は，エリヒマン[69]が言うほどに多くのドイツ語がペルシャ語に入っているとは，まだ考えることができないでいる。

§45　［北欧人の祖先としてのドイツ人］

　ゴート人とルーネ文字に関してスウェーデン人，ノルウェー人，アイスランド人は誇りに思っているが，この誇りのすべては［実際には］われわれドイツ人のものであり，彼らは［結局は］われわれドイツ人のために尊敬に値する仕事ぶりを見せてくれているのだ。彼らはまさに北ドイツ人とみなすことができ，著名なタキトゥス[70]やその他の古代・中世の著述家たちも，彼らをドイツ人に数え入れている。そしてどう体をねじったりひっくり返してみたところで，彼らが言語からしてもドイツ人であることは火を見るよりも明らかである。またデーン人もローマ帝国が低落しつつあった時代にザクセ

　　にあり，このゲテ人（ダキア人）とローマ人との混血が，現在のルーマニア人の祖先であると言われている。
68　バルカン半島のゲルマン族またはトラキア族の種族で，紀元前180年頃にドナウ川下流に現れた。
69　エリヒマン〔Johannes Elichmann〕（1600–1639）。医師であり，東洋語をよく知る。『ペルシャ語入門』（1639）の著者であると考えられている。
70　タキトゥスの『ゲルマーニア』の44「北東スエービー諸族——スイーオネース」，45「北の海（東海），アエスティイー，琥珀，スィトネース」，46「その他の東方の諸族」に記述がある。

ン人という名でとらえられていたことを，私は数多くの状況から結論することができる。

§46 ［ヨーロッパの諸民族の起源を解明するドイツ語］

したがって，太古のドイツ語はギリシャ語とラテン語で書かれたどの書物よりも古い時代にさかのぼる。ヨーロッパの諸民族と諸言語の起源は，昔のドイツおよび特に太古のドイツ語のなかに見いだされる。さらに太古の宗教儀式，習慣，法，貴族の起源，またしばしば昔の事物名，地名，人名の起源についても部分的に同様のことが言える。これらについては，他の人たちによって明らかにされているし，また一部については詳述することができる。

§47 ［待望されるドイツ語語源辞典］

以上のことに私が一生懸命に注意を喚起する必要があったのは，ドイツ語の語源辞典がいかに重要であるのかをできる限り明らかにするためである。私自身が気づいていたし，また私宛ての書簡から知ったことには，他国の高い学識のあるひとたちは，ドイツ語の語

---

71 インド・ヨーロッパ諸語が関連し合っているという概念は，19世紀初めになって，歴史比較言語学の創設者ボップ〔Franz Bopp〕(1791–1867) とヤーコプ・グリム〔Jacob Grimm〕(1785–1863) によって定式化されたものであって，ライプニッツの時代には欠けている。また同じくゲルマン諸語がインド・ヨーロッパ祖語から分派し，ドイツ語がゲルマン語から分派したという観念も欠けていた。したがって，ノルウェー人，スウェーデン人，アイスランド人はライプニッツにとっては「北ドイツ人」(§45) で，イギリス人は「半分ドイツ人」(§42) である。
72 そのひとりが，ユー〔Pierre-Daniel Huet〕(1630–1721) である。彼はフランスの司祭で，哲学者であり，1674年にアカデミー・フランセーズの会員となった。哲学，歴史，文学に関する数多くの著作を残し，ライプニッツと文通し，個人的に面識があった。

源辞典を非常に待ち望んでおり，彼らの起源・由来を明かりで照らし出すためにドイツ語の語源辞典がいかに重要であるかをきちんと認識している。ただし，ドイツ語の語源辞典をうまく作れるのは，ドイツ語に本当に堪能である人だけであり，たとえどんなに教養があってもイギリス人にもフランス人にもできない仕事である。

§48 ［ヨーロッパの起源を解明するドイツ語語源辞典］

われわれドイツ人こそ，ドイツ語の語源辞典を作成しようという欲求を強くもつべきなのである。それによって，われわれドイツ人はきわめて多くの恩恵を受けるだけでなく，名声を得ることにもなる。ドイツ語の語源辞典の完成によって，今のヨーロッパの有り様の起源と由来の大部分がわれわれドイツ人のところに求めるべきということが，ますます明らかとなる。他方でまた今のドイツ語のなかにも，解明に値するさまざまな事柄や説明が日々見いだされ，それがきっかけとなりさまざまな考察が可能となる。

§49 ［Welt の語源］

例えば，ドイツ語の Welt「世界」という単語が何を意味しているのかを問う場合，昔の書物や歌のなかに見られるとおり，われわれの祖先が Werelt と言ったことを思い起こさねばならない。それによって，その単語がまさに大地のまわり（つまり Orbis terrarum）を表していたことがわかる。[73] というのも，Wirren「ゴタゴタ，紛争」，

---

[73] Welt という語は，クルーゲ〔Kluge〕の語源辞典（2002）によれば，ライプニッツの説明とは別の語源である。すなわち，西ゲルマン語の*wira-aldō「時代」，「世界」（古高ドイツ語では weralt）という複合語にさかのぼり，前半部（ゲルマン語では*wera，ゴート語で wair，古ノルド語で verr，古高ドイツ語で wer）は「人間」を，後半部は alt と同じ語源で「年齢」を表す。

Werre「ケラ（虫）」（英語では Wire, ギリシア語では Gyrus という）は，円のまわりを回るものを意味するからである。その語根は，離れては近づきまたまわりを回るような運動を伴う W というドイツ語の文字［音声］のなかにある。例えば，wehen「風が吹く」, Wind「風」, Waage「天秤」, Wogen「大波」, Wellen「波」, Wheel「輪」の場合がそうである。ここから生まれた単語には次のものがある。Wirbel「渦巻」, Gewerrel「もつれ合い」, Querl「攪拌機」またおそらく Quern「水車」（この単語は古ドイツ語では Quernhameln という単語から見て取れるように「水車」を表した）だけでなく，bewegen「動かす」, winden「巻く」, wenden「ひっくり返す」も，フランス語の vis「ネジ」（例えば vis sans fin「終わりのないネジ」），また Welle「波」, Waltze「円筒」, ラテン語の volvo「巻く」, verto「ひっくり返す」, vortex「渦巻」, また Walen「ウェールズ人」および Wallonen「ワロン人」（ぐるぐると wallen する［さまよう］者という意味，すなわちゴール人ないしよそ者の意味）という名前，Wild「よそ者」（そこから wildfrembd［赤の他人の］や Wildfangs-Recht［移住者隷属法］という単語が由来する），そしてこの Wild から Wald「森」やその他多くの単語が生まれた。しかしながら，［Welt という単語の語源として］Wereld という単語が wahren すなわち「続く」から生じたと考え，「時代」（昔は ew）という意味であ

---

74 ライプニッツがここで示している音象徴の考え方は，音声と意味とが本質的に関連し合っているという言語観によるものである（本書の「解説」133-136 頁を参照）。
75 「きりがない」の意味。
76 古期英語「（アングロサクソン人から見て）外国人」の意。
77 移り住んできたよそ者を年月ののちに農奴として要求できる，中世の君主の権利。
78 ライプニッツがここで言う ew は，古高ドイツ語の êwa「掟」のことである。この単語は，今日のドイツ語の Ehe「婚姻」のなかに生きている。

ったとする人たちがいるが、彼らと争う気は私にはない。なぜなら、この種の事柄は、十分に調査をしないと完全に解決することはできず、昔のドイツ語の書物を見ることによって最終的決着が付けられねばならないものであるから。

§50　[恣意的でない語源]

　[語源を観察するなかで]われわれは少なからぬ事例において、ただ単に物の起源を見出すだけでなく、単語というものが何人かの人たちが言うほどに恣意的[79]または偶然的ではないことを認識することになる。というのも、世界には偶然に存在しているものなど存在せず、ただそう見えるのは、われわれの無知のゆえに原因が見えなくなっているだけのことである。ドイツ語は他の言語よりも起源に近いと思われるので、ドイツ語の語根については認識がいっそうしやすい。これについては卓越したクラウベルギウス[80]がすでにある小さな冊子のなかで独自の考えを述べている。

§51　[共同作業による辞典編纂]

　私はすでに何年も前に、とある学識ある人[81]にザクセン語の語源辞典を作ることについて考えみるように誘いかけ、その人物は実際に

79　たとえばショッテーリウス（1663, 64頁）も、言語が本来自然なのか恣意的なのかについて古来から議論があったことを指摘している。

80　クラウベルギウス〔Johann Claubergius または Clauberg〕（1622-65）。ドイツのデカルト主義的哲学者。著作に『存在者についての形而上学』（1664）がある。ここでライプニッツが指している著作は、『ドイツ語の語源術』（1663）である。

81　ブレーメンの神学者マイアー〔Gerhard Meier〕（1646-1703）を指している。マイアーは、1692年のある書簡のなかで、ザクセン語の語源辞典を執筆中であることを報告している。

ドイツ語の鍛練と改良に関する私見　71

この仕事に関していくらか成果を残した。またわたしは，他にも何人かの卓越したひとたち[82]が同様の仕事に関わっていたことを知っている。そのうちの何人かは，私自身がそうするように働きかけたのである。もし彼らがそしてまた彼ら以外のひとたちが，力強い支援と一致協力によって励まされて仕事を進めることができれば，すばらしい成果が期待できるであろう。

§52　［各専門家の協力による専門用語辞典編纂］

　ドイツ語の財宝［専門用語］に関して辞典を作るのにふさわしいのは，自然の事物，特に植物と動物，火術（つまり化学），英知学[83]つまり数学，そしてそれに基づく建築学，そしてそのほかの技術，機織り業やいわゆる製造業，交易，航行，鉱業業，製塩業その他のさまざまな事柄の事情に精通している人たちである。ひとりがすべてに習熟しているわけではないので，これらの人たちが協力し合うことができれば，それぞれ確実に理解を進めて明確な知識を集め合うことができるであろう。そのための最善の機会は，特に大都市において見いだせるであろう。もし高位の方からなんらかの援助を受

82　「何人かの卓越したひとたち」という言い方で次の人たちを指している：プラッシュ（注57を参照）とフリッシュ〔Johann Leonhard Frisch〕（1666-1743）とエッカルト〔Johann Georg Eccard〕（1664-1730）。フリッシュの『独羅辞典』は50年をかけて1741年に出され，さまざまな身分語や職業語も収録した（注96および110を参照）。エッカルトは1698年以来ライプニッツの秘書で，ライプニッツの提案によりフランスのメナージュ（注51を参照）の辞典のような辞典をドイツ語について書くことをすすめられた。ライプニッツの『ドイツ語の鍛練と改良についての私見』を含むライプニッツの言語に関する著作をライプニッツの死後に編集したのは，このエッカルトである。

83　「英知学」（Wiß-Kunst）とは，「数学」のことを表している。§8では「英知学者」が「数学者」を表している。

けることができるならば，うまく事がはこぶであろう。

§53 ［専門従事者からの収集］

さまざまな職業のドイツ語を特別に扱った著作はすでに出されているので[84]，これらを利用し補充に当てることができよう。また，フランスとイギリスでの成果も，われわれが専門用語辞典を作る際にある程度の助けになり，さらに調査を行うきっかけとなることであろう。しかしながら，専門用語の大部分は，個々の職業の従事者自身から直接に聞き出すべきである。私の記憶では，著名な説教者たちは[85]露店や作業場へ出向いて，正しい名称とその意味を調べて，すべての物について正しくわかりやすく語れるように努めた。

§54 ［一般語に入り込んだ専門用語 Ort］

また周知のように，特定の技術から借用された単語，あるいは特定の技術から特定の意味を得ている単語が，一般の言語使用に多数入りこんでいる。しかし，当該の仕事ないし職業に関してなにも知らない人たちは，それらのいわれを何も理解していない。例えば，人は Ort und Ende「場所」，erörtern「論ずる」と言うが，このいわれを知る人はほとんどいない。これらは実際には鉱夫のことばに由来

---

84 例えば，マイヒスナー〔Johann Helias Meichßner〕の『正書法便覧』(1538) では狩猟用語が収集された。また，マテージウス〔Johannes Mathesius〕(1504-65) は鉱山の街で説教を行い，その際に鉱山労働者の専門用語を書き留めて『精錬所』(1562) というタイトルで公刊した。
85 ここではまず鉱山労働者の息子であったルター〔Martin Luther〕(1483-1546) のことが言われている。ルターは聖書翻訳者として，民衆のことばを拾い上げるのに努力した。前注のマテージウスもそのような説教師であった。また，ウィーンの作家アブラハム・ア・ザンクタ・クララ〔Abraham a Sancta Clara〕(1644-1709) も同様であった。

し，鉱夫ことばで Ort とは，掘られている「坑道」，「縦穴」もしくは「水平坑」の「終わり」という意味である。例えば，この鉱夫は Ort の前で働いているという言い方をすると，その鉱夫は坑道が終わるところで働いているという意味であり，同様に erörtern とは，終わりまで道をたどるという意味以外の何でもない。

§55　［専門用語の保護育成による知識啓発］

　フランスでは高貴な方々ですら，さまざまな事物についてある程度は心得があることを示すために，それぞれの事物を適切な専門用語で呼ぶのに努めているのを見て，私は賞賛するべきことだと思った。聞いた話では，ルイ13世の弟である前オルレアン公[86]はこのことがお気に召して，少なからずそれを援助したという。もしも同様の著作［専門用語辞典］がドイツ語についても出されることになれば，フランスで見られるこのような習慣がドイツでも今まで以上に行われ，一般の知識欲（好奇心）が大いに高まり，そしてすべての物に関する人々の関心がさらに広がるであろう。

§56　［言語の豊かさ，純正さ，輝き[87]］

　さて，言語を普通に用いる際に必要とされるものについてこれから述べる。これは，実りを結ぶ会，クルスカ学会，アカデミー・フランセーズの諸氏がまさにまず重視していた事柄であり，また初めに最も重視すべき事柄でもある。［事柄の］起源や古さについて，もしくは忘れ去られた知識や技術や学問を問題にするのではなくて，

86　オルレアン公ガストン〔Jean Baptiste Gaston〕(1608-1660) は，古美術・骨董品の熱心な収集家であった。

87　豊かさについては§57-§101，純正さについては§102-§109，輝きについては§110-§113で論じられる。

普通に言語を使用し通常の書き方をするときには，ドイツ語の「豊かさ」，「純正さ」，そして「輝き」[88]が示されるべきである。この3つの良き特質こそ，一般に言語に要求されるものである。

§57 ［豊かさの重要性］
「豊かさ」は，言語にとって第一にそして最も必要とされるものであり，その指すところは次のことである。豊かさとは，すべての状況を表す使い心地のよい的確な単語が不足なく十二分に存在することである。言語の豊かさのおかげで，人はすべてのことを活力を持ってあるがままに思い浮かべることができ，いわば生き生きとした色彩で描くことができるのである。

§58 ［単語に乏しい中国語］
中国人は，さまざまな記号［漢字］があるおかげで書く際には豊かであるが[89]，他方話す際には貧しく単語数が乏しいと言われている。なぜなら（知られているように）彼らのもっている文字［漢字］は彼らの言語とうまく調和がとれていないからである。中国人が記号［漢字］の数を過剰なまでに増やすことに専心したことが原因で，中国語を鍛練することが難しくなったと思われる。つまり，単語数が少なく二義的になるために，中国人は意思を明確に伝えて曖昧さをなくすために，ときとして発話の最中に宙に指で記号［漢字］を書くことを強いられている。[90]

---

88 それぞれ原語では，Reichthum, Reinigkeit, Glantz である。
89 ライプニッツは，自らが考えていた「人間思惟のアルファベット」（基本的概念）と漢字の構成との間に平行性を見いだしていたこともあり，当時視野に入って来ていた中国語に関する情報を大いに興味を持って集めた。
90 ここでは，中国語では基本的に 1 音節の漢字が単語を形成するので，同音

§59 ［表現の回りくどさ］

いくら説明しても神のことばが理解できない野蛮な民族がいたことが伝えられはいるものの，どんなに貧弱な言語であっても，言語は最終的にはすべてのことを表現できる。すべてのことは，最終的には回りくどい言い方と説明によって表現できるのである。しかし，そのように冗長であるとやはり，話す側にも聞く側にも興味と印象深さがまったく失われてしまう。その［冗長な話しぶりの］間に心は限りなく引き留められることになり，その結果，美しい宮殿を数多く見たいと思っている人を，部屋一つ一つに長く留め，部屋の四方のすみずみまで隈なく引っ張り回すようなことになる。あるいは，（ヴァイゲルの4進法にしたがって）[91] 3を超えては数えることができず，4，5，6，7，8，9等にあたる単語または記号を持たない民族のように計算しようとすれば，計算が必然的に遅々としたものとなり骨の折れるものになるのと同じである。

§60 ［豊かさの試金石としての翻訳］

言語が豊かであるか貧困であるかの試金石は，他の言語から優れた書物を翻訳する際に見いだせる。翻訳する際に，何が欠けていて何がすでに存在するのかがわかる。それ故に，実りを結ぶ会の諸氏およびその後継者たち[92]が，常に最良の書物を選び出したわけではな

　異義語がたくさん存在すること，そのため意味を一義的にするために漢字を書いて見せることが日常的に行われることを指している。
91　ヴァイゲル〔Erhard Weigel〕（1625-99）。イェーナ大学の数学教授，1664年にライプニッツの教師を務めた。ヴァイゲルは，10進法は大きすぎて計算の際にかなりの短所があるという見解から，基本的単位として4進法を提案し，それが自然に合っていて合理的であることを証明しようと努めた。
92　「実りを結ぶ会」（本訳書（18頁）『知性と言語』注22も参照）は，第3代目で最後の会長が亡くなった1680年に形式的には終焉を迎えた。しかし，

いにしても，いくつもの翻訳を行ったのは好ましいことである。[93]

§61　［対応するべき単語の欠如］

さて，他言語の単語すべてについて［原語がもっている］活力そのままにそれぞれ 1 語で訳せるような言語はこの世には存在しないと，私は思っている。キケロはラテン語の ineptus「不適切な」に対応する単語をギリシア人がもっていないことを非難したが，他方でまたキケロはしばしばラテン語の貧困さを認めている。[94]私がときお

　1691 年になお，シュティーラー〔Kaspar Stieler〕(1637-1707) が自らの作成した辞典『ドイツ語という樹の語幹と枝葉［語根と派生・複合語］，すなわちドイツ語の語彙』を，実りを結ぶ会における会員名「遅まきの者」で出版したし，また 18 世紀の初めにも会員は生きていた。

93　「実りを結ぶ会」では，主として会員同士の書簡交換を通じて国語と文学の理論と実践とが論じられ，実際に文学作品，文学・国語理論書，外国文学の翻訳が公刊されるきっかけと刺激が与えられた。母語育成を促進するために外国語の作品をよいドイツ語に翻訳するというのは，実りを結ぶ会の重要な綱領の点のひとつであった。例えば，その創立者ルートヴィヒ侯は，ペトラルカの叙事詩『凱旋』やその他のイタリアの作品を翻訳した。オーピッツは，セネカの『トロイアの女たち』の翻訳 (1625)，ソフォクレスの『アンティゴネ』の翻訳 (1636)，バークレイ〔John Barclay〕の『アルゲーニス』の翻訳 (1626)（これはドイツ語での長編小説の雛形となった）を翻訳し，ヴェルダー〔Diederich von dem Werder〕(1584-1657) は，タッソーの『エルサレムの解放』などを翻訳した。§65 も参照。

94　キケロ『弁論家について』第 2 巻，四-17，四-18 に次のように書かれている。「時が求めるものが分からない人，しゃべりすぎる人，自分を見せびらかす人，あるいは，一緒にいる人々の権威や都合に対する慮りをもたない人，［...］そういった諸々の人が『不適切な者』と呼ばれるからである。この悪癖に満ち満ちているのが，最も教養豊かな国であるはずのギリシア人の国なのである。そのために，ギリシア人にはこの悪徳の意味が理解できず，この悪癖に名称すら与えなかった。ギリシア人が『不適切な者』をどう呼んでいるか，残らず調べてみるといい。そうすれば，該当する言葉がないことが分かるはずだ。」

りフランス人たちに言ってみせたことだが，ドイツ語のいくつかの単語はフランス語では回りくどい表現でしか翻訳できない。例えばフランス人は，われわれドイツ人がreiten「馬に乗っていく」という単語で，またラテン語でequitare「馬に乗っていく」という単語で表すものを1語で表現することが今日ですらできないでいる。さらにまた，タキトゥスやその他のラテン語による卓越した書物のフランス語訳は，原本となっている書物がもっている簡潔な力を得ることができないでいる。

§62　[対応するべき単語の必要性]

それでもなお，逐語訳が可能で，1語ずつ順番に原文を追っていくことができるような言語が最も豊かで最も快適な言語である。すでに述べたように[95]，この点においてドイツ語は，とりわけ人間の意思や任意の行いに関する事柄において遜色が少なくない。したがって，この点において他の言語に屈しなくて済むように，われわれは大いに励むべきであろう。

§63　[言語を豊にする具体策]

このようなこと[ドイツ語の語彙を豊かにすること]は，次のようないくつかの方策によって可能であろう。ひとつには，現実に存在しているのにほとんどなおざりにされていて，必要なときに思い浮かばないような良質な単語を探し出すことである。つぎに，昔に忘れ去られてしまったが特別な価値がある単語を復活させることである。さらにはまた，とくに必要性がある場合には異国の単語にドイツ語の市民権を与えることである。そして最後には，（他の手段

95　§10を参照。

がない場合に）新しい単語を入念に作り上げ組み立てて，有能な人々による判断と熟考を経たうえでそれらの新語を一般の使用に供することである。

§64 ［innig という良質な単語］

実りを結ぶ会の人たちやその他の人たちの書いたドイツ語のなかには，良質な単語が数多くある。それらは有用なのであるが，いざ必要なときになかなか思い浮かばないものである。かつて私が何人かの前で言ったことであるが，フランス語の「優しい」という意味での tendre という単語を innig もしくは hertzinnig というドイツ語でうまく翻訳した人たちがいる。[96] 昔のドイツ人は Innigkeit という単語を「献身」という意味で用いていた。もちろん私は，この innig というドイツ語がすべての場合にフランス語の tendre の代わりになると言うつもりはない。それでもなお，この innig という単語が適切な機会に使えるように，ここで言及しておく価値がある。

§65 ［良質な単語を探し出す源となる著作］

［あまり使用されていない有用な単語を探し出す］この目的のために，幾人かの教養ある人々に精査と点検と選択を依頼して，ドイツ語で書かれた優れた著作を調査させるべきであろう。そのような著作としては，例えば特にオーピッツの著作がある。オーピッツは

---

96 ライプニッツの同時代に出されたシュティーラー（注92を参照）の辞典『ドイツ語という樹の語幹と枝葉，すなわちドイツ語の語彙』（1691）には，hertzinnig はないが，innig は見出し語に掲載され，intimus, intime, amanter, amice という語が説明に当てられている。フリッシュの『独羅辞典』（1741, 注82を参照）は，第1巻488頁で innig についてラテン語の intimus, intime を当てたあと次のように説明している：「愛情に関わる心についてのみ用いられるので，しばしば hertz-innig と言われる」。

韻文だけでなく,『ヘルシニア』や『アルゲニス』と『アルカディア』の翻訳のように散文でも著している。また,最も高貴な著述家のひとりによる『アラメナ』と『オクタヴィア』,フォン・シュトゥーベンベルグ氏の翻訳もきわめて有用である。さらには,たといいくらか行き過ぎがあったにしても,聡明なツェーゼンの『イブラヒム,バッサ』や『ゾフォニスベ』などの著作が利用できると思われる。また,これらと比べるとずっと程度の劣る書物の中にも,有益な単語が多く見いだされ得る。つまり,最上のものからまずは始めるが,そのあとには質の劣るものの助けを借りることができるであろう。

---

97 『ヘルシニア』(1630) とは原題を『ニンフ・ヘルシニアの牧歌』という,散文で書かれたドイツ最初の牧歌文学であり,その後の市民小説の発展にとって重要である。『アルゲニス』(1626) は,バークレイ(注93を参照)のラテン語による政治的長編小説 (1621) をドイツ語に翻訳したものである。『アルカディア』(1638) は,シドニー〔Philip Sidney〕(1554–86) の英語による小説『ペンブルックのアルカディアの伯爵夫人』(1590) のドイツ語訳 (1629) をオーピッツが改訂したものである。

98 「最も高貴な著述家のひとり」とはブラウンシュヴァイク・リューネブルク侯アントン・ウルリヒ〔Anton Ulrich, Herzog zu Braunschweig und Lüneburg〕(1633–1714) のことである。小説『高貴なシリア人女性アラメナ』(1669–73) と『オクタヴィア ローマ史』(1677) は何度も版を重ねた。アントン・ウルリヒともに,実りを結ぶ会の最後の会員が亡くなった。

99 フォン・シュトゥーベンベルク〔Johann Wilhelm von Stubenberg〕(1619–88) は,イタリア語から『エロメナ』(1650–52),フランス語から『貴婦人の愉しみ』(1653, 1657) 翻訳したほか,イギリスのフランシス・ベーコン〔Francis Bacon〕(1561–1626) の著作を翻訳し,『卓越した政治学・哲学・倫理学著作集』(1654) を出した。

100 ツェーゼン〔Philipp von Zesen〕(1619–89),詩人,小説家,言語改革論者。「ドイツ的志向の組合」〔Deutschgesinnte Genossenschaft〕を1643年ころ創立。『イブラヒム,もしくは高貴なるバッサおよび節操あるイザベラの驚くべきお話』(1645) と『アフリカのゾフォニスベ』(1647) は,フランス語による宮廷・歴史小説(それぞれ,オリジナルは1641と1627)のドイツ語訳である。

§66　［忘れ去られた単語を取り戻す源となる著作］

　さらには，忘れられ置き去られてしまっているが，それ自体は良質である単語と表現を取り戻すことを思い起こすべきであろう。その目的のためには，前世紀［16世紀］の書物が有用である。例えば，ルターやその他の神学者たちが書いた著述物，昔の帝国関係の文書，領邦の規則や都市の条例，昔の公証人役場の帳簿，そしてさまざまな宗教的著述および世俗的著述や，『ライネケ狐』[101]，『カエルとネズミ』[102]，ドイツのラブレー[103]，『アマディス』[104]の翻訳，オーストリアの『トイエルダンク』[105]，バイエルンのアヴェンティン[106]，スイスのシュトゥンプフ[107]とパラケルスス[108]，ニュルンベルクのハンス・ザックス[109]，そしてその他の邦の出身者たちが著したものが役に立つ。

101　中低ドイツ語による詩形式の動物叙事詩 «Reinke de Vos»。初版はリューベックで1498年。ゲーテが『ライネケ狐』〔Reineke Fuchs〕（1794）としてこの素材を取り上げた。

102　ロレンハーゲン〔Georg Rollenhagen〕（1542-1609）の滑稽でパロディ的な動物叙事詩『カエルとネズミの不思議な宮廷生活』（1595）。

103　「ドイツのラブレー」とは，フィシャルト〔Johann Fischart〕（1546-90）がラブレー〔François Rabelais〕（1483-1553）の『ガルガンチュア』（1534）をドイツ語に翻訳・改作した『でっちあげ話』（1575/1582/1590）のこと。

104　24巻におよぶフランスの騎士小説『アマディス』（1569-95）のドイツ語への翻訳。

105　『トイエルダンク』〔Theuerdank〕（1517）は，マクシミリアン1世が構想し，プフィンツィング〔Melchior Pfinzing〕（1481-1531）が完成した，マクシミリアン1世の自叙伝的なアレゴリー的な騎士叙事詩である。

106　アヴェンティーヌス〔Johann Aventinus または Johannes Turmayr〕（1477-1534）は，ドイツ語で『バイエルン年代記』（1526）を書いた。アヴェンティーヌスは，ラテン語に影響されないドイツ語らしいドイツ語で著すことに努めた。

107　シュトゥンプフ〔Johannes Stumpf〕（1500-78）。スイスの歴史家，とりわけ1547/48年に13巻からなるスイスの『年代記』をドイツ語で書いた。

ドイツ語の鍛練と改良に関する私見   81

§67 ［スイスに存在する良質な単語］

　それに関連して私が思い出すのは，ドイツの最も優れた言語改良家にも容易には思い浮かばないような，昔ながらのドイツ語による良質な表現をスイス人がかつて使ったことである。ラテン語のfoedus defensivum & offensivum「防衛と攻撃の同盟」を，ドイツ語ではどのように簡潔にうまく表現できるのかと尋ねてみたとしよう。今日のドイツで良質なドイツ語を著述する有能な人々なら，この国際法に属する単語を正しくうまく翻訳するのにけっしてなんの不足も感じないであろう。しかしこの人たちが新たにドイツ語に翻訳した表現が，Schutz- und Trotz-Verbündniß「防衛・抵抗同盟」というスイスでの表現よりも快適で，力があるかどうかについては疑問である。

§68 ［外来語の受容］

　［異国のものに］市民権を与えることは，ふさわしい機会にであれば拒絶するべきものではなく，言語にとっても民族にとっても有

---

108 パラケルスス〔Paracelsus，本名は Theophrast von Hohenheim〕(1493-1541)。スイスの医師，錬金術師，自然哲学者。バーゼル大学での講義をラテン語ではなくドイツ語で行い，200 以上の著作の大部分をドイツ語で書いた。パラケルススは，ライプニッツの時代には忘れ去られていた。
109 ザックス〔Hans Sachs〕1494-1576)，ドイツの劇作家，詩人。靴屋の親方として働きながら創作した。4000 以上の職匠歌（マイスターゲザング）や謝肉祭劇を書いた。リヒャルト・ワーグナーはザックスを主人公にした歌劇「ニュルンベルクのマイスタージンガー」(1868 初演）を作った。
110 フリッシュの『独羅辞典』(1741)（注 82 および 96 を参照）は，見出し語 Schutz-Bund（第 2 巻，237 頁）に関して foedus ad defensionem というラテン語を当て，ライプニッツのこの発言を踏まえたように思われる説明を行っている：「Schutz-Bund は，スイスの著作物に見出され，Offensiv- und Defensiv-Allianz という新聞のことばを Schutz- und Trutz-Bundnüß で言い換えた立派な表現として賞賛され，また今でも用いられている。」

用なことである。ローマは異国人たちを受け入れることによって大きく勢力を伸ばしたし，オランダは川が多く流れ集まって来るだけでなくひとびとも大勢集まって来たおかげで成長した。英語はなんでもすべてを受け入れた言語であって，もし「くれてやったものを返してくれ」と皆に要求されたならば，イギリス人たちは他の鳥たちに羽毛を取り戻されてしまった例のイソップのカラスよろしく，[111] 自分たちの身の回りにはなにもなくなることであろう。そのようなこと［外国語の受容］をする必要性は，われわれドイツ人は他の民族と比べて少ないが，しかしこの有用な権利を完全に放棄してしまうことはない。

§69　［ゲルマン語起源とラテン語起源の外来語］

　しかし，そのように単語を受容する際には一定の区別を顧慮しておく必要がある。すなわち，われわれに近い信仰と慣習を持つような人々のほうが受け入れられやすいのと同様に，ドイツ語［ゲルマン語］起源の言語から，特にオランダ語から受け入れられる外来語のほうが，ラテン語やラテン語系の言語からの外来語よりも早く認可を与えることができるであろう。

§70　［英語と北欧諸語からの受け入れ］

　英語と北欧諸語は，オランダ語と比べてドイツ語との隔たりが大きく，ドイツ語を豊かにすることよりも，ドイツ語の起源を調査することのほうに役立つであろう。しかしながら，ドイツ語を豊かに

111　イソップ童話の「カラスと鳥たち」では，王様に選ばれるために最も美しい鳥になろうと考えたカラスが，他の鳥たちの色とりどりの羽を集めて身を飾ったが，最後にはそれが偽物であることが発覚して，他の鳥たちに羽をむしり取られて，もとの黒い体に戻ってしまった話が描かれている。

§71 ［オランダ語や低地ドイツ語などの良質な単語］

　それに対してオランダ語に関して言えば，特にわれわれドイツ人は本家の権利として，このいわばドイツの分家（もしくはコロニア）から特定の使者たちを通じて［良質な単語を］回収する権限を十分にもっているであろう。この目的のために，専門知識のある人たちにオランダ語とオランダ文学を研究させ，いわば品定めさせる必要がある。そうすることによって，オランダ語のなにが必要であり，なにが高地ドイツ語に容易に組み入れられるかがわかる[112]。低地ドイツ語やその他の方言に関しても，同様に理解するべきである。例えば，低地ドイツで「それはただの Schlump［まぐれ当たり，まぐれ屋］にすぎない」というふうに使う，Schlump という単語は，フランス語で hazard「まぐれ当たり」[113]と呼ぶものに相当するが，これは多くの場合使っても悪くはない。

§72 ［オランダ人の言語育成活動］

　周知のように，オランダ人は自分たちの言語をたいそう磨き上げた。［ドイツ人の］オーピッツは，ヘインシウス[114]，カッツ[115]，グロテ

112　この考え方は，後世になって試みられた。例えば，1890 年に「全ドイツ国語協会」〔Allgemeiner Deutscher Sprachverein〕が国語育成の目的でオランダ語の語彙を入れることを提唱した。

113　今日のフランス語では hasard と綴られる。なおピーチュによる翻刻版では Nazard と誤植されている。

114　ヘインシウス〔Daniel Heinsius〕(1580–1655)。オランダの詩人・文献学者，1605 年以来ライデンの教授。初めて古典的な文体でオランダ語の詩を書いた。

ィウス[116]そしてその他の卓越したオランダ人たちを上手に利用した。フォンデル[117]やその他のオランダ人たちはオランダ語を高めたし，多くのオランダ人が今ではオランダ語の純粋さをきわめて入念に心がけており，言いたいことをふさわしい表現で言い表すことを心得ている。したがって，彼らの書いたものは十分にわれわれの助けになる。

§73　［注意すべきロマンス諸語からの受容］

　ラテン語，フランス語，イタリア語，スペイン語の単語に関しては問題がある（ギリシャ語については，われわれは恐れる必要はない）。つまり，これらの言語からの受容が，言語の純粋さという点からして得策で賢明なのかどうか，またどの程度そうなのか，ということが問われねばならない。というのも，余計な外来語のごたまぜからドイツ語を浄化することが，ドイツ語の純粋さを追求する際に重要となる事柄のひとつであるから。

§74　［類比に従った新語形成］

　新語を考え出すこと，もしくは従来からある単語に新しい意味を考案することは，言語を豊かにするための最後の手段であろう。さて新語というものは，既存の単語とふつう調和した上で存在する。

115　カッツ〔Jacob Cats〕（1577–1660）。オランダの詩人，政治家。道徳的性格をもつカッツの詩は，死後も長いあいだ大衆に人気を博した。

116　グロティウス〔Hugo Grotius または Huigh de Groot〕（1583–1645）。オランダの法律家，政治家，詩人。「国際法の父」と称される。

117　フォンデル〔Joost van den Vondel〕（1587–1679）。17世紀オランダを最も代表する詩人，劇作家。風刺詩，歴史詩，祖国詩，教会・宗教詩，さらにヴェルギリウスの翻訳，詩編の翻訳など。造語，古語の復活，方言の取り入れによって，オランダ語を豊かにした。

その調和はアナロギー，つまり類比と呼ばれる。この類比は，複合語においても派生語においても大切にしなければならない。

§75 ［新語が有する類比と響きの良さ］
　調和がより多く見られて，実際に使用されているものからあまり離れていなければいないほど，また聞こえが美しくそして発音がしやすければしやすいほど，その新語は許可されるだけではなく，賞賛されるべきものになる。

§76 ［新語の学術的鑑定］
　しかし，良質な単語が上手に造られても，誰にも気づかれずまた誰にも手入れされないままでは，地に落ち失われてしまう。今まではただ，新語の運命を偶然に委ねるだけであった。もしも学識高い専門家たちの判定によってそれらの新語の価値と有用性が正しく検討され，鑑定に従って維持され，そのうえで広く普及することになれば，それは価値のあることであろう。

§77 ［2 種類の辞書編纂法］
　言語の豊かさという点について結論を下す前に，私は事物と活動を表す単語ないし名称を配列するのに二通りの方法があることに言及しておきたい。それはすなわち，アルファベット順と事物別による配列法である。前者は Lexicon［意味辞典］つまり意味の本であり，最も一般的である。後者は Nomenclator［名称辞典］つまり名

118　今日の言語学の用語では，「意義論的」〔semasiologisch〕な辞書編纂法と「名称論的」〔onomasiologisch〕な辞書編纂法として区別される。前者は各単語がどのような意味であるかを記述し，後者は特定の意味を表す単語（名称）にはどのようなものがあるかを記述する。

称の本であり，物の種類に応じて整理される。ステファーヌス・ドレートゥス[119]，ハドリアーヌス・ユーニウス[120]，ニコデームス・フリッシュリーヌス[121]，ヨハネス・ヨンストーヌス[122]らによって，名称辞典について優れた業績が残されている。また名称辞典によって，特に言語の豊かさと乏しさ，すなわちいわゆる「語彙の豊饒[123]」が明らかになる。それ故に，あるイタリア人はそのような配列法で編纂した本を『俗語の豊かさ』[124]と名づけた。意味の本は本来，特定の単語が何を意味するのかを知ろうとする場合に役立つ。名称の本は，特定の事柄をどういう名称で呼ぶのかを知ろうとする場合に役立つ。

§78 〔意味辞典と名称辞典の用途〕

---

119 ドレートゥス〔Stephanus Doletus もしくは Estienne Dolet〕(1509-46)。フランス・リヨンの書籍印刷業者，人文主義者，詩人。文献学に関する自身の著述を公刊，またキケロの作品およびプラトンの対話編をフランス語に翻訳した。

120 ユーニウス〔Hadrianus Junius または Adriaan de Jongh〕(1511-75)，オランダの人文主義者，医師，文献学者。『事物の術語集』(1567)では，ラテン語の見出し語に対してギリシア語・オランダ語・ドイツ語・フランス語・イタリア語・スペイン語の6言語の対応語を示した。

121 フリッシュリーヌス〔Nicodemus Frischlinus〕(1547-90)，ドイツの人文主義の文献学者，劇作家，詩人。ラテン語の学校劇とプロテスタントの民衆劇とを融合しようと努めた。ライプニッツは，ここでは『ギリシア語・ラテン語・ドイツ語，3言語の術語集』(1586)を指している。

122 ヨンストン〔Johannes Jonston〕(1603-75)。ポーランド出身の博物学者，医学者。主著である『動物の自然史』(1649-53)は，18世紀にリンネが登場するまで最も普及した動物学の便覧であった。

123 ラテン語で copia verborum。エラスムス〔Desiderius Erasmus von Retterdam〕(1469-1536)の著作『語彙および事物の豊饒について』〔De copia verborum ac rerum〕(1512)がライプニッツの念頭にあると思われる。

124 アルンノ〔Francesco Alunno〕(1485-1556)のこと。『俗語の豊かさ』〔Ricchezza della Lingua Volgare〕は1543年に出された。

そして私見では，語源辞典すなわち言語の源泉はアルファベット順に配列されるべきと考えるのであるが，その際にも，現在の発音に従う方法と起源に従う方法との二通りの方法がありえよう。[各単語の]基礎となる語根を追求して，どの語根ないし語幹にも派生形を付け加えようと考えるならば（そうすることができれば，事例によっては非常に有用なこととなろう），発音に従う配列と起源に従う配列とを組み合わせるのも有益であろうと思われる。一方，言語の財宝である専門用語を扱う辞典は，単語のアルファベット順に従うよりも，物の種類に従うほうが適していて有用であろう。なぜなら，[専門用語を]物の種類別に分けて示すと，互いに関連し合っている用語同士がお互いを説明する助けとなるからである。ただし，巻末にはアルファベット順の索引をつけるべきである。広く一般に使用されている単語や表現は，アルファベット順の意味辞典を用いても，物の種類に従った名称辞典を用いても，どちらの方法でも示すことができよう。[意味辞典も名称辞典も]どちらも辞典の名に値し，どちらも特別な価値があるが，私見では後者[名称辞典]が一番役に立つであろう。

§79 ［補助的な辞典］

また，特定の補助的な辞典とでもいうべき辞典もある。それらはラテン人やギリシア人が使ったものであるが，われわれドイツ人も将来的に決して見逃してはならないものである。例えば，不変化詞

---

125 §33で示されている，言語の「使用」，「財宝」，「源泉」にそれぞれ関わる3種類の辞書（一般語彙辞典，専門用語辞典，語源辞典）を参照。
126 ライプニッツの時代にすでに出ていた補助的辞典には，次のようなものがある。不変化詞については，ベリン〔Johann Bellin〕(1618-60) が『ドイツ語の前置詞の統語論』(1660) のなかで200頁以上を使って多くの例文を

辞典，修飾語辞典，慣用表現辞典，そしてもちろん韻律辞典と押韻辞典などがそうである。しかしそういったものはすべて，主要な辞典のほうが完成されたあとになって，自ずと次第に作られるであろう。以上で，言語の豊かさについての議論を終える。

§80　［言語の純正さ］

　言語の純正さ，話し書くときの純正さとは，単語と表現がきちんとしたドイツ語の響きを持つものであると同時に，文法がしかるべく遵守されること，つまりドイツ語に関するプリスキアーヌス[127]［文法］が尊重されることである。

§81　［避けるべき単語と表現］

　単語および表現に関しては，上品でないもの，理解しづらいもの，そして非ドイツ語的な異質なものを避けねばならない。

§82　［上品さの欠ける単語］

　上品でない単語とは，乱暴なことをしばしば言い表す下劣な単語

　駆使して前置詞を扱っている。修飾語と慣用表現については，ハルスデルファー〔Georg Philipp Harsdörffer〕(1607-58) が『詩学の漏斗』の第3部 (1653) で400頁近くを当てた『詩的表現，婉曲的な言い回しそして技巧的な表現』，チェルニング〔Andreas Tscherning〕(1611-59) が『ドイツ語の書法と文法，とりわけ純良な詩学におけるいくつかの誤用に関する私見』(1659) のなかで180頁以上を費やした『美しく洗練された詩的な表現と言い換えに関するドイツ語の宝庫に関する概略』がある。またショッテーリウスは『ドイツ主幹言語に関する詳論』(1663) のなかで「ことわざ風の決まり文句」を収集している。押韻については，ツェーゼン（注100を参照）による詩学書『ドイツのヘリコーン』(1641) の付録に300ページ以上にわたるドイツ語の押韻語のリストがある。

127　プリスキアーヌスに関しては本訳書（32頁）『知性と言語』注44を参照。

であり，下層民の用いる単語で，愚衆と百姓のことばのことである。このような単語は特別な行儀の良さを持ち合わせていないが，行儀よさを保ったうえでふざけて言う場合には便利であるし適切である。また，書くときにもまじめに正式に話すときにも，用いるのを避けるべき低級な単語がある。そのような単語は，十分に用心しておいたほうがよいであろう。したがって，ギリシア語の Κόρη「処女」に由来する単語は[128]，避けるのが正当であろう。また不快に響いたり，愚かに聞こえたり，その他不都合なことや好ましくない意味を表すような単語がいくつかあるが，それらにも用心しておくべきである。

§83 ［古風な単語］

理解しづらい単語としては，とりわけ古風な単語がある。老齢の単語，根絶された単語，廃れた単語がそうである。その種の単語はたしかにルターが聖書で保持したが，ルター以後は完全に廃れてしまった。例えば，「殺人者」という意味の Schächter，ノルド民族の Runen「ルーネ文字」と類縁関係にある raunen「ささやく」，頭を被う特定のもの［僧帽］という意味の Kogel がそうである。

§84 ［地方語］

同じく理解しづらい単語には，ドイツの特定地域のみで不適切な用いられ方をする地方語がある。例えば，riechen「臭う」の代わりに用いられる schmecken「味がする」がそうである。ドイツ人のなかには「臭う」の代わりに「味がする」を用いるひとたちがおり，彼らはそのために彼らには四感しかないなどと言われてしまう。同様に，低地ザクセンで Krug「居酒屋」と言うものを，シュレジア

---

128 ライプニッツはここでは，Hure「娼婦」というドイツ語を間接的に表現している。

では Kretschmar という。その種の単語はマイセン人にすら少なからず見られるが, 特に書くときには避けねばならない。例えばマイセン人は, der Zeiger schlägt「針が［時を］打つ」と言ったり, また,「上着」のことをあたかも餌を与えられるものであるかのように不当にも Pelz「毛皮」という。この種の例は, その他にいろいろある。

§85 ［外来語受容の是非］

しかしながら, 外来の単語, すなわちドイツ語でない単語に関しては, 多くの人がまだ理解できないものである場合にそもそも容認するべきなのか, またどの程度容認するべきなのかについて大きな疑問がある。その判断は将来のドイツ的志向の機関に委ねたいと私は思うが, 以下でいくつかの点に関して, 先行する形ではあるが, 私見として考察の材料を提供したいと思う。

§86 ［外来語の回避］

外来の単語は多すぎるよりは少なすぎるほうが良いと私は考えると, まず言っておこう。ただし, 次の例のように詩の拍としての必要性から意図的に外来の単語を用いる場合は別である：

> Da die Engel singen Nova Cantica,
> Und die Schellen klingen in regis Curia.[132]

---

129 ルターが16世紀の初めに聖書のドイツ語翻訳のさいにマイセンの官庁語に依拠して以来, マイセン語は模範的なドイツ語とみなされたが, 17世紀の経過のなかでその権威は相対化された。

130 ピーチュによれば, この Zeiger はライプニッツの言うように「針」という意味ではなくて, Zeiger は本来は Seiger「壁時計」が民間語源によって Zeiger に変えられてしまったのだという。

131 §114を参照。

132 この2行は, 15世紀のクリスマスの讃美歌（讃美歌1篇の102番）In

［天使が新しい歌を歌うところで，
　　そして鐘が王宮で響くところで］

§87　［聞き手を配慮した外来語の使用］

　次に考えるに，聞き手ないし読み手がどのような種類の人であるかを区別するべきである。例えば，多くの人を前にして語ったり書いたりされるもの，例えば説教は，当然どの人によっても理解されるべきである。しかし学識者，裁判官，政治家のために書かれるものについては，［外来語の使用に関して］もっと自由さがあって良い。

§88　［説教壇でのラテン語］

　牧師がラテン語の単語またはラテン語から借用された単語を用いることは，特別な力づよさが表現できる場合には，ときとして可能である。ただし，私はラテン語と言っているのである。フランス語は，私見では説教壇にはふさわしくない。[133]ただしフランス語は，［大衆と教養人という］両方の種類の聞き手を満足させるように説明を行うのには，勧められる。

§89　［法律関係のラテン語］

　そのほかに，法律関係の業務，訴状，証言書においてラテン語の単語を用いることが昔から習慣的に行われてきた。これは，ドイツ

---

　　dulci jubilo, singet und seid froh「諸人声あげ喜び称（たた）えよ」に由来する。
133　外交官で辛辣なエピグラム作家であったヴェルニケ〔Christian Wernicke〕（1661-1725）の『エピグラム』（1701）にも，フランス語が説教にふさわしくないという論評がある。

人に限らず他の国の人たちも同じである。ただし，ドイツには賞賛すべき習慣があり，相当以前からいくつかの法廷と学部と刑事裁判所では，特に判決や評定を書き表すときに，他の国ではラテン語でしか言われないことの多くをドイツ語で表現している[134]。例えば，litem contestari「起訴する」の代わりに Krieg rechtens befestigen, Instantia「司法権」の代わりに Gerichtszwang, definitiva「最終判決」の代わりに Endurtheil などがそうである。

§90　［国家関連の文書における諸外国語］

　地位の高い指導者や支配者に関わる国家関連の文書においては，いまやラテン語だけでなく，フランス語とイタリア語も完全に避けることが難しい状況に至っている。しかし，自発的かつ自主的に節制することが好ましいであろう。私が何度も述べてきたことであるが，ドイツ語でも同じくらい的確に（的確さが優るとは言わないまでも）言い表せる場合に，ドイツ語の代わりにフランス語を用いるようなことはしないように，少なくとも努めるべきであろう。

§91　［ドイツ語と外国語との併記］

　ドイツ語の単語と外国語の単語とを交え［併記して］，一方を他方の説明として用いるという妥協策を講ずることもしばしば可能であろう。そうすることによって，わかりやすさも力づよさも双方の不足を補い合うことできよう[135]。

134　ライプニッツはおそらくはここではとくに，ライプツィヒの法廷を言っている。
135　ここでは，例えば Vernunft（ratio）のように，ドイツ語の単語と外国語の単語とを併記することを言っている。このような併記によって，ドイツ語の Vernunft とラテン語の ratio とが互いに意味を説明し合うことになり，時間とともに Vernunft の意味が十分に理解されたしかるべきのちに，Vernunft

§92 ［併記によるドイツ語単語の普及］

　この方法を活用すれば，良質でうまく造られているのにまだあまり一般的でなく広くは受け入れられていないドイツ語の単語を普及させることに大いに役立つであろう。このような単語を初めは外国語の単語と組み合わせて，あるいは一般に使われてはいるが十分だとは言えないドイツ語の単語と組み合わせて説明を添えることによって，しだいにひとはそのような［ドイツ語の］単語に慣れ，最後にはあらかじめ［別の単語と併記するという］配慮をする必要がなくなる。

§93 ［著述家の努力］

　ドイツの高潔な著述家は，以上のようにドイツ語の純粋さを保持すべくさまざまな方策を講じて，みずから模範を示すことで可能な限り援助の手を差し出さねばならない。著述家はそのようにして，押しよせる外来語の嵐に対してこの嵐が去って収まるまでのあいだ，完全にではなくても（完全というのは不可能である）いわば巧みに対抗せねばならない。

§94 ［詩での外来語使用］

　そこで私が考えるに，業務上の必要のためにでも，また技術と学問を教えるためにでもなくて，優美さのために出版される特定の著述物［詩文］においては，もっと真剣に考えて外国語の単語はごくわずかしか入れるべきではないであろう。

　が ratio に取って代わることができるという考えである。(続く§92 を参照。)

§95 ［小説，演説等での外来語使用］

したがって，私が確信を持って考えるに，ドイツ語による詩にフランス語の単語が入ると一般的に美しさが損なわれ不面目なことになるのと同様に，詩に最も近い文体においては可能な限り，外国語の単語は差し控えるべきである。例えば，小説，頌辞，公的な演説，また特定の種類の歴史書，そしてこれらの著述物のドイツ語翻訳の場合がそうであり，つまるところ，必要性と有用性とならんで優美さが重んじられる著述においてはそうすべきである。

§96 ［ドイツ語化した外国語］

しかし，このようなこと［外来語使用の自粛］をさらに効果的に実現するには，いまだドイツ語と外国語の間をいわば揺れているような単語についてはきっぱりとドイツ語であると宣言し，将来は［ドイツ語との］区別のために別の文字［ラテン文字］で書くのは[136]もうやめて，ドイツ語と同じように［ドイツ文字で］書くようにするべきであろう。こうすることによって，善意に満ちた誠実なドイツ人たちや祖国を熱く思う人たち，そしてまだ残っておられる実りを結ぶ会会員諸氏（望むらくはこれに賛成して下さるであろうが）を安心させて，彼らがもうまったく躊躇しなくても済むようにしてさしあげるべきであろう。

§97 ［オーピッツの英断］

ローマのウェルギリウスに相当する，ドイツの卓越したオーピッツは，すぐれた人たちのうちで上述のこと［ドイツ語と外国語の間を揺れている単語をドイツ語と見なすこと］をためらいなく行った

136　§100を参照。

ドイツ語の鍛練と改良に関する私見　95

最初で最後の人物である。例えば，ヘインシウスに対して次のように言うとき，

  Daß deine Poesie der meinen Mutter sei.[137]
 ［汝のポエジーが私の母のものであることを］

これによってオーピッツは，Poesie という単語をオーピッツ自身の権威に基づきドイツ語として明確に宣言したのであると私は考える。あたかもイギリスの併合に関する「議会議決」が決議されたごとく，撤回不可能なほどにオーピッツは確固と［Poesie をドイツ語として］宣言したのである。[138]

§98　［ドイツ語化の必要］

 そして，外国語から借りた Potenz「力」と Potentat「支配者」，はたまた Galanterie「慇懃さ」ときわめて美しい Gala「盛装」そしてそのほか百もの単語になぜドイツ語としての市民権を同様に与えることができないのか，私には理解できない。これと同様に［フランス語の souveraineté「主権」をドイツ語として認めて Souveränität という語を使用］したほうが，他の人の用いる Suprematum「主権」という語を避けるために最近の何人かの学識者が［フランス語の souveraineté から］Souverainitas というラテン語を作り出すよりも，いくらか良いやり方である。

137　オーピッツが『ドイツ語詩集』(1624) で 5 番目にのせた詩，「学識高く著名なダニエル・ヘインシウスのオランダ語による詩に関して」の頌歌の最後の詩行である。この詩行をオーピッツ自身は，Daß ewre Poesy der meinen Mutter sey と書いている。
138　1707 年に議決された「連合法」(スコットランド合併法) のことを指すと考えられる。この法律により，イギリスはスコットランドを併合し，グレートブリテン連合王国となった。

§99　［昔からのドイツ語化の例］

　われわれの祖先は，そのような単語に市民権を与えるのに躊躇しなかった。ドイツ語の Fenster「まど」がラテン語の fenestra から来ていることがわからない人がいるであろうか。また，フランス語を理解する人なら，ドイツですでに非常に昔からある Abenteuer「冒険」がフランス語の avanture から来ていることを疑うことができない。同様の例は多く見られることで，上に述べた［ドイツ語の市民権を与えるべきという］考え方は正当化される。

§100　［文字の区別の撤廃］

　文字の区別の撤廃に関して私見を述べると，書くときも印刷するときもその種の［本来ドイツ語でない］単語をドイツ語の単語と区別するべきではない。文字の区別を廃するならば（撤廃することにあまり意味がないと一見思えるかもしれないが），大きな効果が期待できるであろう。またその他多くの人が主張してきたことであるが，ドイツ語書籍は印刷の際に基本的にラテン文字のみを使用するべきで，［ドイツ語でない単語だけをラテン文字で印刷するという］不必要な区別は廃止するべきである。フランスでもちょうど

139　ドイツ文字（亀甲文字）は，1500 年頃にゴシック小文字から生まれ 1514 年に書籍印刷で初めて用いられた文字である。マキシミリアン I 世の『トイエルダンク』（1517，注 105 を参照）はドイツ文字が印刷で使用された第 2 回目の事例であった。ラテン文字は，カロリングの小文字（780 頃）に基づく，1460 年以降イタリア・ルネサンスで用いられた文字である。南ヨーロッパおよび西ヨーロッパでは人文主義に促されてラテン文字が浸透したが，中部ヨーロッパおよび東ヨーロッパでは 20 世紀に至るまでドイツ文字が保たれた。ドイツ語圏では何世紀にも渡り，ドイツ文字とラテン文字が並存したが，同じページのなかでドイツ語はドイツ文字で，外国語はラテン文字で書かれるということが慣習的であった。ドイツでは，1941 年にドイツ語の世界的普及という観点から，ヒトラーの命令によりドイツ文字は廃止された。

「フランス文字」と呼ばれるフランスの古い文字は，今では特別な場合を除いて一般には使用されず，とくに印刷においてはほとんど廃止されてしまった。

§101　［オランダでのラテン文字使用］
　この［文字の］ことに関してわたしはここではあまり大騒ぎをしたくはないが，私の見たところ，われわれの書籍はドイツ文字で書かれているためオランダ人には厄介に思われ，あまり読まれない。オランダ人自身はこの差し障りをなくすために，オランダ語を大部分ラテン文字で印刷させている。記憶するところでは，かつて私がオランダ人のためにあるものをドイツ語で書くように依頼されたとき，ラテン文字を使用するように特に請われた。

§102　［文法的正しさ］
　言語の純正さという［言語にとって重要な］第2の部門[140]とは，文法規則に従った言語の正しさのことである。これについてここでは，ごく簡単に論ずることにする。この点［文法］に関してはかなりの不足があるのは事実だが，そのような不足は時間の経過とともに補ってゆくことが困難ではない。また，とりわけ有能な人物たちが集結し考えを出し合うことによって，さまざまな難問も解決されるであろう。

§103　［十分なドイツ語文法書の欠如］
　周知の通り，すでにカール大帝がドイツ語文法書の作成の仕事を命じていた。しかしそれにもかかわらず，われわれは今日に至るま

140　言語には§56ですでに述べられているように，豊かさ，純正さ，輝きという3つの特質が必要とされる。

で十分なドイツ語文法書を持っていないのかもしれない。多くのフランス人がドイツ語学習を始めたので、ドイツ語文法を著したフランス人[141]が何人かいるが、これらの人たち[142]にその仕事を遂行する力量が欠けていたことは想像に難くない。

§104 ［宮廷のことばという基準］

　周知の通り、［言語に関して］フランスにおいてすら最近多くの問題が起こった。そのことは、ヴォージュラ[143]とメナージュ[144]の論評やブフール[145]の疑念、またその他の人たちを見ればわかる。フランス語は（すでに的確な規則を有していた）ラテン語から誕生し、またド

141　カール大帝の伝記を書いたエインハルト〔Einhart〕（840没）によると、大帝はドイツ語文法書を作らせるつもりであった。
142　例えばドゥエス〔Nathanael Duez または Duisius〕（1640-1675）が『ドイツ語文法便覧』（1668）を著した。
143　ヴォージュラ〔Claude Fabre de Vaugelas〕（1585-1650）、フランスの文学者。多くの言語を操り、とくにスペイン語とラテン語から翻訳した。1634年にアカデミー・フランセーズの初代会員となる。1647年に公刊した『フランス語に関する論評』のなかで、ヴォージュラはフランス語の論理性、洗練された表現と洗練されていない表現を論じた。この『論評』は何度も版を重ね、17世紀にフランス語がヨーロッパの文化言語となることに重要なインパクトを与えた。ヴォージュラは話しことばとしてはパリに居住する貴族のことばを、書きことばとしてはパリに住む文筆家たちのことばを「良き慣用」とみなし、フランス語の規範として示した。これにより、ヴォージュラは文体、語選択、文法のあらゆる問題における権威として認められ、アカデミー・フランセーズにより辞典を書くように委託を受けた（1694年に完成）。この辞典は、きわめて高い規範性をもつ辞典となった。
144　注51を参照。
145　ブフール〔Dominique Bouhour〕（1628-1702）、フランスの批評家。言語と文体の問題に関して、権威そしてヴォージュラの後継者とみなされた。その著『フランス語に関する疑念』（1674）および『フランス語に関する新論評』（1675）のなかで、フランス語に極めて高い明晰性を与えるという意図が述べられた。

イツの場合よりもずっと長い時間をかけて学識者によって研究されてきたにもかかわらず、問題が起こったのである。フランスにはすべての中心となるただひとつの宮廷があるが、われわれの場合にウィーンをフランスの宮廷と同じものとみなすことはまだできない。ウィーンはドイツの端に位置しているので、ウィーンの話し方を〔文法の〕基礎とすることはできないのである。もし皇帝が帝国の真ん中の地域に椅子をもっていたならば、ドイツ語の規則をその場所からもっとうまく引き出すことができるのではあるが。

§105 〔イタリアにおける不十分な状況〕

同様に、イタリア語の場合もクルスカ学会による尽力にもかかわらず、今日なおいくつかの欠落が見られる。クルスカ学会に対しては、聡明なタッソー[146]やその他の人々が反対の意見を表明し、クルスカ学会による判定を疑問視し、その疑いには必ずしも根拠がないわけではなかった。イタリア語は、ヨーロッパ諸語の中でしかるべき成長を遂げた最初の言語であり、今も大体のところその状態にあるが、ペトラルカ[147]とダンテ[148]の良さは今でも当時と変わっていない。このようなことは、それと同じ時代のドイツ語、フランス語、スペイン語または英語の書物についてはまったく言えないことである。にもかかわらず、このイタリア語においてすら、文法に関して難点と

---

146 タッソーニ〔Alessandro Tassoni〕(1565–1635)。詩人としてペトラルカ模倣およびバロック文体の華燭と戦った。彼の『クルスカ学会の辞典に関する論評』は死後の60年以上経った1698年に出された。

147 ペトラルカ〔Francesco Petrarca〕(1304–74)、イタリアの詩人、人文主義の先駆者。叙情詩『カンツォニエーレ(俗語断片詩集)』、叙事詩『凱旋』を書いた。古典ラテンと関わり、人文主義者の先駆となった。

148 ダンテ〔Dante Alighieri〕(1265–1321)、イタリアの詩人、イタリア・ルネサンスの先駆者。叙事詩『神曲』は、イタリア国民文学の最初の作品となった。注19を参照。

疑問点が今でも多く残っている。

§106 ［ドイツ語文法書の必要性］

したがって，ドイツ語の文法書がまだ完全な状態にはないことをわれわれドイツ人は驚いたり恥ずかしく思ったりする必要はあまりない。それでも私が思うに，ドイツ語の文法書は完全からはまだほど遠すぎ，ドイツ的志向の学識者たちによって大きな改良を強力に進めて行かねばならない。[149]

§107 ［ドイツ語文法の大きな効用］

われわれ自身がなにか疑問を抱いた際に解決の助けとすることだけが，このようなこと［完全なドイツ語文法］の目的ではない。このような疑問点は最終的にはあまり重要ではないのである。［完全なドイツ語文法があれば］とくにラテン語教育を受けずにひどいドイツ語を書くことが非常に多いドイツ人たちにドイツ語を教えることができるし，またさらには外国人たちにもドイツ語をやさしくわかりやすくすることができる。こうすることによって，われわれド

---

149 ルターが聖書をドイツ語に翻訳した半世紀後に，ラテン語で書かれたドイツ語文法が立て続けに出版された。アルベルトゥス〔Laurentius Albertus〕の『ドイツ文法』（1573），エリンガー〔Albert Oelinger〕の『高地ドイツ語の授業』（1573），そしてクラーユス〔Johannes Clajus〕の『ドイツ語文法』（1578）である。ドイツ語で書かれた最初のドイツ語文法は，1618年のクロマイアー〔Johannes Kromayer〕が著した『青少年に最適な新しい方法によるドイツ語文法』である。そして最初の詳細で体系的なドイツ語文法はショッテーリウス（注56を参照）の『ドイツ語文法』（1641）である。ショッテーリウスの集大成としての『ドイツ主幹言語に関する詳論』（1663）をライプニッツは知っているはずであるが，これを「完全な文法」とはみなしていなかったことがわかる。ライプニッツは文法よりも語彙を重要視しているので，文法の問題には詳しくは立ち入っていない。

イツ人の名誉は高まり，他の人々はドイツ語書籍に対して注目をすることになる。また，ドイツ語は規則でとらえることができずほとんど慣用からしか学ぶすべがないのだという，何人かのひとの誤った考え方を改めることもできる。

§108　［文法性の揺れ］

　そのほかに，ドイツの領邦中で互いに異なり，官庁どうしですら互いに意見を戦わせるような問題がいくつかあろう。例えば，Urtheil「判決」という単語の性がなになのかという問題がそうである。帝国枢密院，帝国最高裁判所のある領地などではUrtheilは女性名詞でdie Urtheilと言う。一方，上部ザクセンの裁判所では［中性で］das Urtheilと言う。[150]

§109　［類比よりは慣用］

　最高級の裁判所だけでなく，大多数の人がUrtheilを女性名詞として用いる。［実際には］das Urtheilという中性形のほうが，言語の基礎もしくは類比に基づいている。Theilという単語は女性ではなくて，（単数形で）die Theilというよりはdas Theilと言われるであろうから，die Urtheilというよりはdas Urtheilと言うべきだと考えられることになる。[151]しかしながら，慣用が［ことばの］教師である：

> Non nostrum inter vos tantas componere lites[152]

150　今日でも，特に外国語からの借用語の場合に，性のゆれが見られる。例えばBonbon（ボンボン，キャンデー）は男性および中性であり，Joghurt（ヨーグルト）は男性であるが，オーストリアでは女性で，また日常語では女性のこともある。

151　現代のドイツ語では，Urteilの性は中性で確定している。

152　ウェルギリウス『牧歌』，第3歌，108行。

　　　　［汝らの大きな議論に決着をつけることは，私にはできない］

この種の問題はたくさんあるが，私はこれらに関しては将来の［言語を扱う］機関に判断を委ねる。この種の問題は少し待って，処理を後に回しても最終的に危険はない。

§110　［言語の輝きと優美］
　さてあとは，［言語にとって重要な特質として］ドイツ語の輝きと優美に関して述べることが残っている。しかし，これについてここではあまり長々と述べないことにしよう。というのも，もし的確な単語と優れた表現とが存在していれば，単語をうまく選択し適切に用いるかどうかは，書き手の才気と知性によるのであるから。

§111　［模範としての作家］
　この目的のため役立つのは，すでに優れた書き方をして，他の人たちの前に立ちはだかる氷を自然の幸運な巡り合わせによって打ち砕いた人たちの模範である。したがって，このような優れた人々の著述を選び出し模範として紹介するだけではなく，そのような著述の数を増やし，昔の主要な作家たちおよび何人かの新しい作家たちの書籍を優れたドイツ語に直し，ありとあらゆる美しくて有用な素材を作り上げることが必要となろう。

§112　［フランスにおける下劣表現の撲滅］
　この機会に私が思い起こしたいのは，その他の点では賞賛に値するヴァイゼ氏を含む，何人かの聡明なドイツの作家たちが，ためら

153　ヴァイゼ〔Christian Weise〕（1642–1708），教育学者，詩人。ギムナージ

いもなく少々品のない表現をしていて、この目に余る過ちをまだ止めていないことである（何人かのイタリア人もまだ止めていない）。私はこの点において、フランス人を高く賞賛せねばならない。フランス人は、公的な著述においてはそのような品のない単語と表現だけでなく、品のない内容も避けている。したがってフランス人は、喜劇や滑稽劇においてすら誤解を招くようなきわどい言い方を許さない。このフランスの賞賛するべき模範に、今まで以上に従うのが正当である。とりわけ、おぞましい単語を特に必要もなしに用いるのは許容するべきではない。たしかに、単語のきれいさと道徳律とはなにも合致するものではないけれども、共通するところは決して少なくもない。

§113　［ドイツ語による詩の高揚］

　ドイツ語の詩は、主として言語の輝きに関わる。ここではそのことに長くは関わることをせず、次のことを述べるにとどめる。つまり私見では、何人かの高貴な詩人たちがときおり少しどぎつい書き方をし、オーピッツの流れるような軽快さからあまりもはずれてしまった。[154] ドイツの詩が没落せずに高揚するためには、このことにも

ウムを改革して、古いラテン語学校から国家に役立つ官吏のための近代的養成所にすることを自らの課題とした。この目的のために彼は、修辞学を人文主義的な学科から実践的な学科へと作り替え、その原理を実践的に練習する素材として50以上の学校劇を書いた。ローエンシュタイン〔Daniel Caspar von Lohenstein〕(1635-83) やホーフマンスヴァルダウ〔Christian Hofmann von Hofmannswaldau〕(1616-79) らの、いわゆる第2シュレジア派の詩人たちの「星を散りばめ、香油を塗り、黄金をかぶせた言い回し」に対して確信を持って戦ったヴァイゼは、自然で簡易な文体の擁護者であり、啓蒙主義的散文の先駆者であった。

154　ここでは、第2シュレジア派の詩人たちが、原点となったオーピッツ（注43を参照）との比較で、その無骨さのゆえ批判されている。

あらかじめ気をつけるべきであろう。

§114 ［本構想の意図］

最後に，［以上のような問題の解決のために］将来は卓越した人々が結集して，適切な機関が設立されるべきである。願わくは，数日間で急いで草案されたこの小さな構想が悪くは取られないことを。この構想は，学識があるドイツ的志向の人物たちの注目を引いて，高い地位の方たちの提案によって将来いつの日かその仕事自体が完成へと近づくための，小さな略図として役立つことができよう。

＊＊＊＊＊＊＊

§114a ［ドイツ的志向の協会の設立］[155]

ドイツ的志向の協会の規則と方針については，何人かの高貴な会員の方たちに連携していただいて，その方たちに任せるのが正当であるが，できればそれに先だっていくつかの構想をここで述べ紹介できればと思う。その際，実りを結ぶ会の会員諸氏の賞賛されるべき模範例に，その形式と体制については従うべきである（その意図と仕事については別であり，この点ではすこし違っているべきである）。

155　1717年に公刊された版では§114で終わっているが，A版では§114の代わりに，別の§114（翻訳では§114aとした）とそのあと§119まである程度詳細に公的機関のことが書かれていた。公刊された版では，この§114aから§119までが削除されたわけである。ライプニッツはここでは，自分自身が構想している「ドイツ的志向の協会」〔Teutschgesinnter Orden〕について語っている。そもそもライプニッツの『ドイツ語の鍛練と改良』は，初めは『ドイツ的志向の会の設立』というタイトルであったが，経緯があり変更された。これについては，本訳書の「解説」110-111頁を参照。

§115 ［協会に関する一致了解］

この件についての一致了解が，何人かの高い地位の人物，高貴な国家官吏そしてそのほかの精神と学識と才能が際だっているひとたち，またさらにこの点に賛成するひとたちのあいだで得られれば，ドイツ国民とドイツ語の名誉と繁栄に役立つであろう。

§116 ［会員数について］

アカデミーの会員数が40を超えないフランスの例のように会員を50名程度の数に限定するか，それとも会員数に制約を設けないのか，はたまた正規会員と特別会員とに分けて，数が限定される正規会員には全事項に関わってもらい，特別会員にはこの賞賛されるべき計画にある程度関わりをもって援助をお願いすることにするのかについては，さらに検討していただきたいと思う。

§117 ［会員の名文選］

主要な仕事を遂行することとならんで，会員たちは時おりそれぞれの好みと能力と機会に応じて，協会の目的にある程度合ったなんらかのもの［書き物］を差し出して送付することができよう。このようなえり抜きのしっかりした逸品を収集し合わせて，印刷物とすることがときおりできよう。

§118 ［会員の熱意］

さらには，会員たちの書いた作品や会員たちの行った行動を見れば必ず実際に明らかになるであろうが，会員たちの考えは会の趣旨と合致しており，名声を得て共通の目的を達成しようとする協会の尽力は賞賛に価するほど熱意のあるものなのである。また会員たちは，自らが決めた会則に従う態度をとるであろう。

§119 ［高位者への提案］

　さて，数日間で急いで構想してきたことを今まで述べてきたが，これらすべては最初の略図としては十分であるように思える。したがって，ドイツ的志向の何人かの学識者がさらに考えを進めて，時期が熟したときに高位の方たちの提案によって［実現へ］近づくことであろう。

（高田博行 訳）

解　説

1. 母語に対するまなざし
2. 『ドイツ語の鍛錬と改良に関する私見』
3. 『知性と言語をよりよく鍛錬するようドイツ人たちへ諭す』
4. ポスト・ライプニッツ
5. ライプニッツとフンボルト
6. 明治日本の見た文化言語ドイツ語
7. 現代の言語状況とライプニッツ

1. 母語に対するまなざし

　言語との関わりにおいて，ゴットフリート・ヴィルヘルム・ライプニッツ〔Gottfried Wilhelm Leibniz〕(1646-1716) は2つの顔をもつ。人工的な普遍記号言語を探求するライプニッツと，ドイツ語という自然言語の育成を希求するライプニッツとである。ライプニッツが希求した普遍言語は，「人間思惟のアルファベット」としての基本概念の目録と，このアルファベットを組み合わせて観念間の相互関係を表現する規則としての普遍文法とから成るものであった。「いわば〈人間思惟のアルファベット〉を見いだし，このアルファベットの文字の結合と，アルファベットから作られる語の分析によって，総てのことを発見し判断する」（ライプニッツ：「普遍的記号言語」，山内史朗訳，『季刊哲学』4，哲学書房，1988年，114頁）いわゆる「普遍記号学」〔characteristica universalis〕の構想である。このように，人工普遍言語，記号言語，概念言語に多大なる関心をもっていたライプニッツは，もう一方で，自らの母語であるドイツ語をいかにして

豊かな文化言語へと育て上げるべきかについて論じた。このライプニッツの側面はあまり知られていない。本書で訳出した『国語論』は，ライプニッツのこの顔を知らしめるものである。

　生ある母語が死語たるラテン語の絶対支配から解放される道を歩み始めたのは，14世紀初頭のイタリアにおいてであった。国家的統一がドイツとそう違わない1870年にはじめて達成されたイタリアで，文化的アイデンティティーの要としての言語的統一が国家的統一にはるかに先んじて行われたのは興味深い事実である。ダンテが『俗語論』〔De vulgari eloquentia〕（1305以降に完成）を著し，母語の「高貴さ」を訴え，それを理論的に根拠づけて以来，フランス，イギリスをはじめとする他のヨーロッパ諸国においても母語に対する評価の目が開かれた。グーテンベルクが1455年に42行聖書を活版印刷したころ，ドイツの教養人たちはまだドイツ語のことをあまり気にかけず，それよりはラテン語とギリシャ語といった古典語にいそしんでいた。ドイツ語の正書法と文法が統一の方に顔を向け，語彙と文体が整えられて，ドイツ語が文化言語への道を進み始めるには，イタリアに端を発する母語愛の思潮がドイツに波及する16世紀を待たねばならない。その背景には，活版印刷の発明を受けての神聖ローマ帝国への思い入れとは異なる民族意識の萌芽があった。ドイツ語に対する意識に変革が生まれたのち，ルターによる聖書のドイツ語翻訳によって，ドイツ語はラテン語の呪縛を離れて自ら神のことばを語る言語となった。

　17世紀に入ってからは，三十年戦争（1618–48）による長期にわたる国土の蹂躙と荒廃のなか，ドイツ文化を守り民族をここぞとかたく一致団結させるきづなとして，ドイツ語の重要性が強く認識された。この三十年戦争と相前後してフランス，イタリアなどにおける先例を意識して設立された一連の「国語協会」の会員たちは，詩人，文法家，辞書編纂家，あるいは文体家としてこぞって，ドイツ

語を擁護し顕揚することに力を尽くした。しかし17世紀も終わりに近づいて1687年にトマージウス〔Christian Thomasius〕(1655-1728) によって初めてドイツ語が大学講義で用いられたものの（ただしそのことばはラテン語とフランス語をふんだんに使用するものであった），政治的・文化的な中心地を欠き，宗教的にも分裂していたドイツにおいては，他の先進諸国と比べると文化言語の形成はまだ明らかに出遅れ，みじめな状況に甘んじるほかなかった。

　このようなドイツ語の惨状を見かねたのが，ライプニッツであった。たとえば自然科学の分野においてもラテン語ではなくドイツ語を用いるのがいいと考えていたライプニッツは，いかにすればドイツ語を文化言語へ改良できるのかについて思索し，『知性と言語をよりよく鍛錬するようドイツ人たちに諭す。ドイツ的志向の協会を設立する提案を付して』〔Ermahnung an die Teutsche, ihren verstand und sprache beßer zu üben, sammt beygefügten vorschlag einer Teutsch gesinten Gesellschaft.〕(1846年公刊，以下『知性と言語』と略す) と『ドイツ語の鍛錬と改良に関する私見』〔Unvorgreiffliche Gedancken, betreffend die Ausübung und Verbesserung der Teutschen Sprache.〕(1717年公刊，以下『私見』と略す) のなかで，自らの文化言語論ないし国語論と称するべきものを展開している。ここでは，ドイツ語が発達しきれていない当時の状況が診断され，それに対する処方箋が提案され，同時代の学識者や政治家に対して訴えがなされている。ライプニッツの死後まもない1717年に公刊された『私見』は，国語論の新たな地平を開いたものとして一般に高く評価されている。例えばSuchsland (1977, 34頁) は，「ドイツ語を研究し文化的に切り開こうとする彼の綱領は，17世紀の国語協会，文学者，文法家たちのそれまでの尽力すべてを越えている」とし，Gipper/Schwarz (1974, 2021頁) は，ライプニッツの国語論は「一連の明確な洞察で時代を先駆けている」と評価している。ライプニッツの訴えは20世紀では作家ホー

フマンスタールの心をとらえた。ホーフマンスタールは『ドイツ語の価値と栄誉』(1927)(序文は, 1982年に河出書房新社から出された『フーゴー・フォン・ホーフマンスタール選集3, 論文・エッセイ』に翻訳されている)のなかでライプニッツの国語論を一部採録し, 国語育成論者としてのライプニッツを賞賛した。では果たして, ライプニッツの国語論のどの点が先人たちの「尽力を越えて」いて, 先駆的であったのであろうか。次の章では, 17世紀ドイツの代表的な文法家であるショッテーリウス〔Justus Georg Schottelius〕の『ドイツ主幹言語に関する詳論』(1663)と比較する形で, 『私見』における論述を見てみよう。

2. 『ドイツ語の鍛練と改良に関する私見』

2.1. 執筆・刊行の時期

『私見』が公刊されたのはライプニッツが亡くなった翌年の1717年である。ライプニッツの秘書であったエッカルト〔J. G. Eccard〕がライプニッツの言語学的論述を『語源学論集』〔Collectanea etymologica〕に編集し, そのなかの255～314頁に『私見』を収めた。ピーチュ〔Pietsch〕(1907)は, この刊行に先立って存在した3種類の手書き原稿を確認している。ブレーメンの神学者マイアー〔Gerard Meier〕が1698年2月5日付けの書簡のなかで, ライプニッツ自身が「ドイツ語に関してドイツ語で書いた論文」について意見を求めてきたことに言及していることなどからして, 最も古いA版は1697年頃に執筆されたと考えられている。ただし, 実際にはそれ以前に部分的に書かれていて, 1697年頃に執筆が完了されたものと考えられる。このA版に付けられていたタイトルが「ドイツ的志向の会の設立に関する私見」であったことからもわかるとおり, ドイツ語を育成する公的機関(アカデミー)の設立を訴えることが

本来の主たる目的であった。しかし，1705年から1709年の間に書かれたと推定されるB版（献辞用のもの）とC版（印刷用のもの）とでは，A版のタイトルにあった「ドイツ的志向の会」が削除され，またA版の§114-119で詳述されていた公的機関設立に関する事柄も削除され，ごく短い§114だけにされた。このことは，刊行された版（1717年）でも同様である。この削除は，ブラウンシュヴァイク・リューネブルク侯アントン・ウルリッヒにそのような会の設立を期待したライプニッツの訴えが届かず，ライプニッツがこの点に関して落胆したことと関連している。なお，C版が1717年の刊行版の直接的な版下になっているのではなく，A版以降に存在したと推定される第4の手書き原稿が版下になったとピーチュは推測している。本翻訳は，A版，B版，C版の異同を脚注に詳細に付した上で刊行版（1717年）を復刻したピーチュ版によったが，各版の異同については触れないこととした。

2.2. 言語の役割

まず言語の中核となる単位は，ライプニッツにとって単語である（§32）。単語を言語の中心と見る見方はライプニッツに限ったわけではなく，例えば文法家ショッテーリウスが「単語が言語を成す」（Schottelius 1663, 42頁）と簡潔明快に述べているように，当時の文法家たちにまったく一般的な言語観である。そして言語は，ライプニッツの見るところ，人間の知性ないし思考を映す鏡であると同時に，人のこころをつなぐきずなでもある（§1, §4）。ここにある，言語を思考の鏡と見る見方も，特にライプニッツに固有なわけではない。ショッテーリウスに言わせれば，「語はわれわれの思考の写し絵」（187頁）である。また言語が人間どうしのきずなであるという見方も，例えばショッテーリウスがビブリアンダー〔Theodor Bibliander〕(1504-1564)のことばを引用して次のように述べている。

「言語は，すべて学識とすべての技芸と学問の宝庫，人間の統一性のきづなであり道具である」(74頁)。

ライプニッツの「現状」認識によれば，ドイツは数十年前から「フランス風」(§28) となったため，言語的統一どころか，「異国による拘束」(§21) による言語的分裂が生じている。民衆のことばとしてのドイツ語と，学識者・統治者のことばとしてのラテン語・フランス語とが大きく乖離しているのである (§26)。このようにドイツ語以外の言語に傾倒する限り，ドイツ人にまともに思考することなどできるはずもなく，ドイツ人の知性が真に磨かれることなどありえない，とライプニッツは断ずる。その事態を組織的に解決すべく，ライプニッツは国語改良について論議できる公的な機関の設立を提案する (§30, §114)。ここでは国語改良の問題が，祖国ドイツの文化的繁栄に関わる言語政策の問題としてとらえるべきことが訴えられている。たしかにすでにショッテーリウスが，「言語の相違が人を人から遠ざけ」(Schottelius 1663, 35頁)，「言語には文化を保持する力があり，言語の育成をおろそかにすると文化もおろそかになる」(398頁) ととらえていたが，国語改良の問題解決のために公的機関の設立を考えたという点において，ライプニッツはたしかに彼の同時代人に先んじている。

2.3. 語彙の拡充

言語の文化度ないし完成度とでも言うべきものを測る基準として，ライプニッツは3点を挙げる。その筆頭におかれているのが，「豊かさ」〔Reichthum〕であり，そのあとに「純正さ」〔Reinigkeit〕と「輝き」〔Glantz〕が続く (§56)。ライプニッツの言う言語の豊かさとは，必要な事柄すべてに対してきちんと単語が一つずつ存在することである (§57)。ドイツ人が自前の言語を用いてヨーロッパ的レベルの学問を行えるためには，すべての事物に対して的確な単語

解説 113

をあてがい、語彙を拡充する必要がある。なぜなら、ライプニッツによれば、物の認識はそもそも単語が存在して初めて可能になるのであるから（§5,§7,§40）。ライプニッツの見るところ、日常生活で接することの多い事物や手工業・技術関連の語彙に関しては、ドイツ語はすでに十分に「豊か」である。それは、ドイツ人は具象的な事物については、不足なくきちんと認識できているということである（§9）。同様の観察は、ショッテーリウスにもすでに見られ、「鉱業、狩猟業、航海術、手工業、火器製造業、戦術等の多くの事柄においてドイツ語独自の単語があり、これらは外国語では表現することができない」（Schottelius 1663, 100頁）という。しかしながら、抽象的な概念を表す語彙、つまり高級語彙になったとたんに、ドイツ語は脆弱な姿を露呈することを、ライプニッツは告白せざるをえない（§10）。学問の促進という観点においてここでクローズアップされるのが、高尚な専門用語である。単語を厳密に定義したうえでドイツ語による的確な専門用語が用意されれば、ドイツ人にも学問の「大きな明かり」が灯される（§36,§39）。

　ドイツ語で不自由なく学問ができる日の来ることは、ショッテーリウスが待ちわびていたところでもある。例えば数学という学問が「ラテン語だけでなく、英語、オランダ語、フランス語、スペイン語、イタリア語でも書き記されている」（Schottelius 1663, 147頁）ことを知っていたショッテーリウスは、各種の専門分野に必要なドイツ語表現が形成され、「それによってどの技術も、どの学問分野も次第にドイツ語で理解されるようになる」（99頁）と確信していた。事実、ライプニッツが『私見』を著す少し前（1687年）に、トマージウスが大学講義でドイツ語を学問語として使用する実践をすでに始めていた。ライプニッツの場合、国民全体に学問知識を普及し啓蒙するという発想がショッテーリウスよりもはるかに明確に出されていることを、ここで指摘しておかねばならない。言語の改良

によって「一般の知識欲（好奇心）が高まり，そしてすべての物に関する人々の関心がさらに広がる」（§55）ことを，もくろんでいるのであるから。

　このように，まさに語彙の発達のレベルが，その民族の文化的発達のレベルを決定するのである。そのために高尚な語彙を拡充する方法としては，1）知られることの少ない良質な単語を収集すること，2）忘れ去られた良質な単語を復活させること，3）定着した外来の単語をドイツ語として認知すること，そして4）新しい単語を形成することを，ライプニッツは提案する（§63）。最後の第4点目の新造語については，すでにオーピッツ〔Martin Opitz〕（1597-1639）が『ドイツ詩学の書』（1624）のなかで，表現を豊かにする「新語」の形成手段として語複合（合成）に言及していた。そしてショッテーリウスに言わせれば，ドイツ語の合成能力と「同じものを，いわんやそれ以上のものを，他の言語に見て取ることは，言語の性質からして決してありえない」（Schottelius 1663, 93頁）。文法家たちはドイツ語の際だった造語力に着目して，ドイツ語を「造語言語」として捉え直すことによって，「屈折言語」として卓越したラテン語に対するコンプレックスを一気に打ち破ろうとしたのである。しかしライプニッツは，文法家たちのように造語力だけを強調したのではない。

　第1点目と第2点目の，知られていることの少ない今昔の語を採用し再生するというライプニッツの考え方は，他の文法家たちにはほとんど明確には述べられていない点である。ここでライプニッツは，「技術と手工業の専門的表現，また普通の人の話す地方語」（§34）も思い描いている。「専門的表現」とは，近代的な技術や組織（例えば旋盤，水力機械，簿記，郵便制度など）のなかですでに生み出されていたドイツ語による専門語の伝統を指すと思われる。文法家たちは方言に対して否定的な立場をとるのが常であったことから

すると，ライプニッツが地方語の採用を，造語による改新と同列に扱っている点は注目に値する。造語による言語改新（イノベーション）だけでなく，伝統的な専門表現と地方語の採用による言語再生（リサイクル）も頭に入れていたのである。

第3点目の，外国語から受容した単語を認知することは，ライプニッツが偏狭な言語純化主義に組みしないことを意味している。言語に表現力ないし語彙力を付けさせることが最終的な目標だとすれば，外国語起源であっても一般に広く知られた語であれば一向にかまわないわけである（§16）。ここでは，フランスとイタリアでの厳格な純化主義の失敗（§17, §18），そしてドイツでの実りを結ぶ会の「行き過ぎ」（§19）のことを念頭に置いている。市民権を得ている外来語（借用語）を認知することによって語彙を拡充するという方法は，ショッテーリウスも心得ていて，「ドイツ語には，外国語から受け入れられて，ドイツ語式の発音ができるようになり，ドイツ語のなかに植え込まれた語がある [...]。ドイツ語のなかに自然に溶け込んでいる語をもっと広く知らしめ好んで用いられるものにして，ドイツ語自体の語彙をさらに豊かにせねばならない」（Schottelius 1663, 1272–1273 頁）と述べている。

2.4. 語彙の登録：辞書論

ドイツ語の語彙が今述べたような方策で拡充されたあかつきに，辞典という形でそれらを書き留めておきたいとライプニッツが考えたのも自然なことである。辞典作成についての議論は，すでに17世紀の40年代から実りを結ぶ会の会員たちの間で活発に議論されていたが，ライプニッツは3種類の辞典を明確に区別した点において先駆性が見られる：

1) 一般語彙（Sprachbrauch）の辞典，
2) 専門用語（Sprachschatz）の辞典，

3) 語源（古語・地方語）(Sprachquell) の辞典（§33）。

これは，先述のようにライプニッツが語彙拡充の方法として伝統的な専門語を含む古語と方言の意義を明確に意識していたことによる。なお，ライプニッツが『私見』を執筆している頃（1691年）に，シュティーラー〔Kaspar Stieler〕が，『ドイツ語という樹の語幹と枝葉［語根と派生・複合語］，すなわちドイツ語の語彙』というタイトルの一般語彙の辞典を完成していたが，ライプニッツがこの辞典にいっさい言及しないでいるのはいささか不思議なことではある。

2.5. 文法

「豊かさ」に次いで言語に求められる第2の特質である「純正さ」とは，単語が非ドイツ語的で異質でないことの他に，「文法がしかるべく遵守され」（§80），「文法規則に従った言語の正しさ」（§102）が見られることと定義されている。にもかかわらずライプニッツは，文法についてそれ以上にほとんど触れようとしない。文法事項に関心の薄いライプニッツは，言語をいまだ語の集積（Wort-Schatz）としか見ることができず，文の意味の明確さという概念は考慮外に置いている。「われわれは今日に至るまで十分なドイツ語文法書を持っていないのかもしれない」（§103）という発言は，グリム〔Jacob Grimm〕が「賞賛すべき祖国愛とまぎれもない勤勉さをもって，歴史的研究がまだ不十分であったときに可能であった限りのことを成し遂げた」（Grimm 1819, 序言, 90-91頁）と評価するショッテーリウスの文法を前にして，先人たちを過小評価しているとも言えよう。オーピッツが，フランス，イタリア，オランダなどの「先進諸国」にすでに見られるような母語文学を育成することを訴え，そのためには詩人は，「高きドイツ語と呼ばれるものにできる限り従うよう努めるべきで，誤った語り方のなされる土地土地のことばを文書に混ぜてはならない」（Opitz 1624, 32頁）と述べている

が，オーピッツがこの要請を行った時点では，「高きドイツ語」なるものはまだ理想ないし虚構にすぎなかった。「ふつうの大衆」(Opitz 1624，12頁) のことばと区別されるべき文章語は，古典古代の詩学〔ars poetica〕と文法〔ars grammatica〕のいずれの「技法」〔ars〕にもかなった言語であることが必要であった。それを十分に自覚したのが，ショッテーリウスの『ドイツ語文法』(1641年) であったのだ：

> ある言語をその根本から熟知するためには，その言語が技法という形で捉えられていなければならない。しかるに，われらがドイツ語は，あたかも規則にかなった基礎もなければ，確固たる言語の技法〔Sprachkunst〕つまり文法の主たる範疇すら持っていないかのように多くの人に思われ，そのため粗野な言語として人の手にほとんど触れられないままで来てしまった。そのような不必要な不信の念が，本書によって大いになくされ，完全な主幹言語であるドイツ語に名誉が与えられ，ドイツ語が救い出されれば幸いである。(Schottelius 1641，「アウグスト侯への献辞」，Bl.)(4ᵛ–5ʳ)

ショッテーリウスは，ルターのドイツ語につながるからという理由でマイセンの言語慣用を模範的な言語形態だと見なすことはせず，語の構造を語幹，接辞，派生語尾，屈折語尾に分析するという言語理論的考察を加えることを通じて，特定の地域の言語慣用に左右されない言語の正しさを決定しようとした。

なお，ライプニッツの考える第3の特質「輝き」は，「豊かさ」と「純正さ」とが揃った後に，「単語をうまく選択し適切に用いるかどうかは，書き手の才気と知性による」(§110) 事柄とされている。

2.6. 語彙と構文に関する実践

さて次に，ライプニッツ自身がまだ抽象概念を表すのに十分では

ないと考える,そのドイツ語で,ライプニッツが『私見』をいったいどのように言い表したのかについて分析してみよう。例えば§10と§12は,次のようなドイツ語で表現されている:

„ § 10. Es ereignet sich aber einiger Abgang bey unserer Sprache in denen Dingen, so man weder sehen noch fühlen; sondern allein durch Betrachtung erreichen kan; als bey Ausdrückung der Gemüths-Bewegungen, auch der Tugenden und Laster, und vieler Beschaffenheiten, so zur **Sitten-Lehr** und **Regierungs-Kunst** gehören; dann ferner bey denen noch mehr abgezogenenen und abgefeimten Erkäntnissen, so die **Liebhaber der Weißheit** in ihrer **Denck-Kunst**, und in der allgemeinen Lehre von den Dingen unter dem Nahmen der **Logick** und **Metaphysick** auff die Bahne bringen. [...]."

„ § 12. Alleine, es ist gleichwohl an dem, daß in der **Denck-Kunst** und in der **Wesen-Lehre** auch nicht wenig Gutes enthalten, so sich durch alle andere Wissenschafften und Lehren ergiesset, als wenn man daselbst handle [...] von der grossen Muster-Rolle aller Dinge unter gewissen **Haupt-Stücken**, so man **Prädicamente** nennet. [...]."

専門用語を自国語化するのだという自らの理論的要請に従って,ライプニッツはここではたしかに可能な限りドイツ語の専門用語を用意し,テクストにちりばめている。「倫理学」が Sitten-Lehr（道義論）,「政治学」が Regierungs-Kunst（統治術）,「哲学者」が Liebhaber der Weißheit「英知を愛する者」と表現されている。「論理学」と「形而上学」と「範疇」については,まずそれぞれ Denck-Kunst「思考術」と allgemeine Lehre von den Dingen「事物に関する一般的な学問」と Haupt-Stücke(n)「主要部分」とドイツ語で言われてから,そのあと周到にラテン語の Logick と Methaphysick と Prädicamente で説明し直されている。ただし「形而上学」は§12では,Wesen-Lehre

「本質論」のように1語で表現されている。このような術語装置には実は，ライプニッツの言語実践の抱える問題点ないし困難さがいくつか露呈している。ひとつには，「哲学者」を表しているのは語ではなく，Liebhaber der Weißheit という説明的な語群であり，これはライプニッツの考えていたはずの単語の拡充に直接寄与するものではない。二つ目には，かりに1語で専門用語をドイツ語化できたとしても，当時の国際的学問語であるラテン語の専門用語に対して，その場限りの直訳語や借意語をその都度作るのでは，専門用語がもつべき一貫性に欠け，その結果同義語を数多く生むことになろう。

　文法家たちがこぞって警告を発していた大きすぎる枠構造を，ライプニッツは実践のなかでしばしば用いている。例えば§8にある次の箇所では，haben と zu 不定詞とで造られた枠内に32語を詰め込んでいる：

> Und **hat** man demnach die Cabbala oder Zeichen-Kunst nicht nur in denen Hebräischen Sprach-Geheimnissen, sondern auch bey einer ieden Sprach nicht zwar in gewissen buchstäblichen Deuteleyen, sondern im rechten Verstand und Gebrauch der Wort **zu suchen**.（§8）

また別の箇所では，gleichwie..., also...「～であるのと同様に～である」という1組の副文と主文の組み合わせが，最終的には80語からできあがっている：

> Und **gleichwie** ein Rechen-Meister der keine Zahl schreiben wolte, deren Halt er nicht zugleich bedächte, und gleichsam an den Fingern abzehlete, wie man die Uhr zehlet, nimmer mit der Rechnung fertig seyn würde; Also wenn man im Reden und auch selbst im Gedencken kein Wort sprechen wolte, ohne sich ein eigentliches Bildniß von dessen Bedeutung zu machen, würde man überaus langsam sprechen oder vielmehr verstummen müssen, auch den Lauff der Gedancken nothwendig hemmen und also im Reden und Dencken nicht weit kommen.（§6）

これに関連して，ライプニッツは今例にあった gleichwie のほかに, derogestalt「〜なふうに」, nachdem「〜したあとで」, dafern「〜である限りにおいて」などの接続詞を多用しているが，これら接続詞は文意を必ずしも明確にする機能を果たしていない箇所が少なくないように見受けられる。

さらには，迷路のような複雑きわまりない構造のテクストもライプニッツにはまれではない。例えば上でも一部を引用した§10の全体の構造は，次のように図示されるものである（各数字は，各文の従属度を表す）：

0) Es ereignet sich aber einiger Abgang bey unserer Sprache in denen Dingen,
   1) so man weder sehen noch fühlen, sondern allein durch Betrachtung erreichen kan; als bey Ausdrückung der Gemühts-Bewegungen, [...] und vieler Beschaffenheiten,
   2) so zur Sitten-Lehr und Regierungs-Kunst gehören;
   1) dann ferner bey denen noch mehr abgezogenenen und abgefeimten Erkäntnissen,
   2) so die Liebhaber der Weißheit [...] auff die Bahne bringen.
   1) welches alles dem gemeinen Teutschen Mann etwas entlegen und nicht so üblich [ist],
     2) da hingegen der Gelehrte [...] sich des Lateins [...] dergleichen [...] zu viel beflissen [hat];
       3) also daß es denen Teutschen [...] an Willen gefehlet, ihre Sprache [...] zu erheben.
         4) Denn
           5) weil alles
              6) was der gemeine Mann treibet,
           wohl in Teutsch gegeben [ist],

                so ist kein Zweiffel,
            5）daß dasjenige,
                    6）so vornehmen und gelehrten Leuten mehr für-
                        kommt,
                von diesen,
                    6）wenn sie gewolt,
                auch sehr wohl,
                    6）wo nicht besser
                in reinem Teutsch gegeben werden können.（§10）

このパラグラフでは，副文が副文のなかに入り込むいわゆる箱入り文が遠慮なく作られていると同時に，同じ従属度の文や句が数多く並列されているほか，副文における定動詞省略もある。1度読んだだけでは，理解が困難なテクストができあがっている。事実，『私見』を言語的に少し現代化してあるレクラム版（Pörksen（1983），9頁）は，省略された定動詞を復元しているだけでなく，前半部と後半部を大きくつないでいる関係代名詞 welches による副文を，Das alles ist dem gemeinen deutschen Mann etwas entlegen... のように指示代名詞 das による主文に代えている。

これらのわかりづらさは，ライプニッツが語彙を中心に言語のことを考えて構文に対する感覚を欠いていたことが，言語的実践においても現れたものと見ることができる。しかしライプニッツはおそらくはこの点確信犯であり，「複雑であればあるほどプレスティージが高い」という，17世紀ドイツの学識者たちに一般的に見られるバロック的な言語・文体意識に基づいた言語実践を行っている。

（初期）啓蒙主義者から期待される「明晰さ」は，今見たとおりライプニッツの構文からは見て取れない。しかしそれを補う形で，いわば啓蒙主義的なキーワードがテクストの各所に埋め込まれ散りばめられているおかげで，ライプニッツの文章は全体として啓蒙主

義的な響きをもっているのも事実である。例えば次のような箇所がそうである：

> alles **aufgerührte** sich wieder gesetzet, und [...] endlich **auffgeklähret**（§22）
> 「かき混ぜられたものすべてがふたたび沈静化し [...]，澄み通る」
> in der Erkäntnis Gottes, der Seelen und Geister aus dem **Licht der Natur**（§13）
> 「自然という光のなかから神と魂と精神を認識することに」
> ein grosses **Licht angezündet** werden（§39）
> 「大きな明かりが灯される」
> die Teutschen Gemüther nicht wenig **Verdunckelung** empfinden müssen（§22）
> 「ドイツ人の心は少なからず朦朧とした不明瞭さを感じざるを得ない」

ここで強調すべきは，啓蒙主義的な文体を醸し出しているのは，文構造ではなくて，あくまでも語彙である点である。

3. 『知性と言語をよりよく鍛練するようドイツ人たちへ諭す』

3.1. 執筆・公刊時期

1683年頃執筆されたと見なされている『知性と言語』には，ハノーファーの王立図書館〔当時〕にライプニッツの手による筆記記録が残されている（ただし，赤沢（1989，11頁）のように，さまざまな校訂版の比較とテクストに記された戦争等の史実の解釈から，本書の執筆時期を1683年と『私見』執筆の1697年の中間時点と見なす可能性も排除されるものではない。また，グローテフェント〔Grotefend〕はその執筆時期を1679年もしくは1680年のはじめと推定している。）。オリ

ジナルは良質でない灰色の紙を用い，二つ折りのフォリオ判に削除や変更個所がたくさん記されている。これに添えられた四つ折り判には，ライプニッツの清書によるテクストが残っている。執筆年代からすれば，『私見』より 10 数年は早いと推定されるこの文書が最初に出版されたのは，『私見』に約 130 年遅れ，1846 年のハノーファーで，グローテフェントの手によるものであった。折しも同年 9 月 24 日にフランクフルト・アム・マインで開催された最初のゲルマニスト会議の記念として渡されたもので，書籍商のあいだで出回ったわけではない。グローテフェントによるテクストは，1855 年にファラースレーベン〔Hoffmann von Fallersleben〕により『ヴァイマール年鑑』に再録された。その後，1872 年にはクロップ〔Onno Klopp〕による版も出版された。本稿の邦訳にあたっては，『知見』と同様にピーチュのものを底本とした。ただし，ピーチュによるテクスト批判的な注釈（脚注）はきわめて煩瑣にわたるので，その注に示されたさまざまなテクスト個所の異同（削除や加筆）をその都度邦訳に反映することはしなかった。このように，公刊が『私見』に 1 世紀以上遅れた本書は，『私見』に先立ち，継承されるライプニッツの思想をいくつか含んでいながら，ライプニッツ像の形成，ライプニッツの「国語論」の受容，ひいてはライプニッツ研究にとっては，『私見』の影響力の大きさを凌駕するものではない。

3.2. 中心思想

家庭の母親，街頭の子供，市場にいる普通の人間の話す言語を観察することを重んじたルターにも似て，ライプニッツにとっても言語が生き生きと活動しているのは書きことばではなく，話しことばにおいてであった。このことは，『知性と言語』の後に書かれた『人間知性新論』に，「また一般に言語というものは，文書や芸術以前の民族の最も古い遺物であるので，民族の起源や血族関係や移動

を最も良く示しています」(『人間知性新論』下巻，28 頁，下線部引用者) と記されているところからも察せられる。ただし，『知性と言語』におけるライプニッツの使命感は，いわばショッテーリウスの郷土愛や母語への愛情を継承しつつ未だ十分ではない当時のドイツ語書きことばを少しでも改良し，文化言語にまで持ち上げるように「ドイツ人たちへ諭す」という課題に向けられていた。たとえば，以下の事実にライプニッツは大きな問題性を見出す：

> われわれは通常，他の言語から寄せ集めだけの本を書いている。あるいは，われわれ自身のものではあっても，たいていは筋の通っていない考え，説得力のない推論を書いているわけで，それは出回っているかなりの数の駄本のなかに見受けられる通りである。(『知性と言語』[8], 15 頁)

ここから，文化先進国にして言語育成に意を注いでいるフランスへ注意を向けたあと，ライプニッツは以下の結論に達する：

> ドイツ語を使うことが，外国人によるドイツ語の評価を高め，ドイツ語を育成する志のないドイツ人たちをついには恥じ入らせる唯一の手段なのだ。(『知性と言語』[9], 22 頁)

ライプニッツのパトロンでもあったボイネブルク〔Christian von Boineburg〕をはじめとして当時多くのひとびとはラテン語絶対主義を奉じていた。その中にあってライプニッツは，母語教育の重視を説き，学術語をラテン語という（僧侶・貴族などの）特定階層の専売特許として閉ざされた言語から解き放ち，いわゆる俗語（担い手にとっては同時に母語）に転化することによって民衆に開かれたものにし，学術文芸の振興に寄与しようとする強い心意気をもっていた。ドイツ人が自らの母語に誇りをもてるようにするためには，個人の努力では限界があり，この課題には組織的に取り組む必要があることも彼は人一倍自覚していた。「ドイツの名声を保ち再生させる」ことを目標とする「ドイツ的志向の協会」(『知性と言語』[12],

35-36 頁）設立への要求である。ただし，ライプニッツは既存の団体である「実りを結ぶ会」にその役割を求めることはしなかった。ライプニッツが学業を終えるころには，ルートヴィヒ候のもとの栄華の時期をすでに過ごしていた「実りを結ぶ会」は次第に騎士団体としての性格を強め，言語問題への関与を第一とはしなくなっていたし，外来語への狭量な態度（言語純化主義）も見られたこの会は結局のところ同好の士の集まりに過ぎず，フランスやイタリアのアカデミーのように国家の庇護のもとにないことにもライプニッツは限界を感じていたからである。まさに王や国家の庇護のもとにある組織的な国語育成によってドイツ語の散文をして至高の思想をも表現できる手段に高めることが，ライプニッツの念頭にはあった。ただ，ドイツ語の語彙を集約するひとびとの集まりを企図したともされるショッテーリウスなどとは異なって創造的な忠告者にとどまっていたライプニッツには，そうした団体を自ら組織するような意図はなく，『私見』が書かれたころにも，「ドイツ的志向の協会」が彼が望んだような形ではいまだ日の目を見ていないことはある意味で不可思議ではある。ところで，18世紀以降のドイツ文学の展開は，少なくとも当初はライプニッツの意に反してむしろ詩や韻文の進展によって支えられた側面がある。また，1672年ごろよりルートヴィヒ14世の勅命下に準備され，1700年に学術文化の振興というライプニッツの思想や精神を受けて設立されることとなったベルリンのアカデミーにしても，言語育成自体を直接の目標とするものではなく，自然科学を含む科学の振興を目指したものであった。こうした意味では，「ドイツ的志向の協会」の構想は長いあいだ構想倒れに終わったと見ることができるが，後述のように，1885年に創設された全ドイツ国語協会〔Allgemeiner Deutscher Sprachverein〕をある程度まで「ドイツ的志向の協会」の実現とみなすことは可能である。この全ドイツ国語協会は1943年まで存続し，そ

の機関誌は現在も発刊されている言語学専門誌『母語』〔Muttersprache〕の前身となっている。

4. ポスト・ライプニッツ

4.1. ドイツ語の専門用語の進展

ライプニッツ自身がフランス語で著した『弁神論』〔Essais De Théodicée Sur La Bonté De Dieu, La Liberté De L'Homme Et L'Origine Du Mal〕(Amsterdam 1710) は，ライプニッツの死後にドイツ語に翻訳された。このドイツ語訳においては，ライプニッツが提案した処方箋どおりに，ドイツ語術語は進展していったのであろうか。ここでは次の3つの版の§1から§25 までを調査し跡づけてみよう。それは，ドイツ語訳初版 (Amsterdam ¹1720，翻訳者不詳)，ドイツ語訳第2版 (Amsterdam ²1726，翻訳者不詳)，ドイツ語訳第4版 (Hannover/Leipzig ⁴1744，ゴットシェート〔J. Ch. Gottsched〕による翻訳) である。

用語のドイツ語訳は，ドイツ語訳の初版 (1720年) ですでに試みられている。1720年の時点では Zusammensetzung (nexus) のように，ライプニッツが『私見』§91 で初めは「ドイツ語の単語と外国語の単語とを交え［併記して］，一方を他方の説明として用いる」妥協策を示しているとおり，括弧のなかにラテン語の用語が添えられていた。しかし，第2版以降は，補助としてのラテン語用語が削除されている：

	1710	¹1720	²1726/⁴44
	Raison	> Vernunfft (Ratio)	> Vernunfft/Vernunft (§1)
	enchainement	> Zusammensetzung (nexus)	> Zusammenhang (§1)
	les notions simples	> die (notiones simplices) einfachen Begriffe	> die einfachen Begriffe (§4)

また，ドイツ語訳初版（1720 年）ではまだドイツ語化されずラテン語となっていたものが，第 2 版以降でドイツ語化されている箇所もある：

1710	¹1720	²1726/⁴44
le Systême de l'Harmonie préétabli	> das Systema harmoniae praestabilitae	> das Systema der vorher bestimmenden Harmonie（§10）
opposé	> Oppositum	> Gegentheil（§2, §20）
contraire de la conclusion	> Contrarium conclusionis	> Gegentheil des Schlusses（§22）
l'infinité	> die Infinität	> eine unendliche Menge（§7）

これらはいわば逐語訳の例だが，次に挙げるものはフランス語では語群であったものが，第 2 版（1726）において造語力の強いドイツ語で 1 語へと合成されている：

1710	¹1720	²1726
une verité de foy	> eine（veritas fidei）Wahrheit des Glaubens	> eine Glaubens-Wahrheit（§24）
premisses	> vor den Schluß vorhergehende Sätze	> Fördersätze（§25）

さらに，ゴットシェートによるドイツ語訳（第 4 版，1744）においてドイツ語化は進行する：

1710	¹1720/²26	⁴1744
objet	> Objectum	> Gegenstand（§1）
existence	> Existentz	> Wirklichkeit（§2）
argument	> Argument	> Beweis（§25）
Circulation	> Circulation	> Kreislauf（§11）

他方でまた，ライプニッツ自身が外来語の受け入れも必要であるといっていた（『私見』§15, §24, §28, §68, §87, §98 など）とおり，フランス語（またはラテン語）をドイツ語へ取り入れて，形態

的にのみドイツ語化するという事例も少なくない：

¹1720	²1726	⁴1744
die Formae	> die Formen	> die Formen（§7）
die Philosophia corpuscularis	> die Philosophia corpuscularis	> die Corpuscular-Philosophie（§11, §12）
Modificationes	> Modifikationes	> Modifikationen（§9）

その際，外来語・外国語はラテン文字で，ドイツ語はドイツ文字で表されていたのが，時間とともにすべて文字上の区別なくドイツ文字になったことは，外来語に市民権を与えるには文字上の区別をしないのがよいというライプニッツの提案（『私見』§100）に沿っている（以下の例では下線の付いたイタリック体がラテン文字，そうでない部分がドイツ文字で書かれている）：

¹1720	²1726	⁴1744
*logi*sch	> logisch	> logisch（§2）
*metaphysi*sch	> metaphysisch	> metaphysisch（§2, §21）
*Enthusia*sten	> Enthusiasten	> Enthusiasten（§9）
*Facul*tät	> Facultät	> Facultät（§15）

すでに市民権を得ていたと考えられる Philosophie と Theologie は，1744年ではそれまでのドイツ語化 Weltweisheit および Gottesgelahrtheit よりも多く用いられ，しかもドイツ文字で書かれている。

　以上のように，ライプニッツの『弁神論』のドイツ語訳は18世紀前半の時間経過とともにまさにライプニッツの提案と一致した言語実践を示している。ライプニッツの死後にじっさいに，大体においてはライプニッツの訴え通りにドイツ語は成長を遂げ，19世紀にはいるとすでに哲学関連のドイツ語の専門用語は十分に発達していた。例えば1801年の『新ハノーファー雑誌』〔Neues Hannöverisches Magazin〕は，「ドイツ語に関するライプニッツの判断」という見出しの元に，「偉大なるライプニッツ！あなたがもしも今生きて

おられたら，あなたはドイツ語の哲学用語に関してはもはや不足を感じず，逆に過剰を見て取ることでしょう」（113頁）と書いているほどであった。

4.2. ライプニッツの国語論の影響力

『私見』は，実際その後の学識者たちに受容され影響力を持った。『私見』が公刊された3年後（1720年）にすでに，エーゲノルフ〔Johann Augustin Egenolff〕はドイツ語の実際の能力と潜在的能力を示すために『私見』の§9から§11までを引用した：

> 「さまざまな高尚な学問において，ギリシャ語またはラテン語の名称を使いやすくて自然な良質なドイツ語単語によって今までまだ訳されておらず用いられてもいないような事柄がいくつかある。しかしこのことはドイツ語を話す人たちの怠慢から来るのであって，けっしてドイツ語に能力がないとか貧困であるからではない。そのことは，ライプニッツ氏自身が著作の中の次のパラグラフで詳しく扱って，このような欠落を容易に埋めることができる十分な手段を示している通りである。」（Egenolff 1720, 273-274頁）

ちょうどこの頃には，ハレを初めとするプロテスタントの大学ではドイツ語が講義の言語として使われ始めていた。ライプニッツ哲学の継承者であるヴォルフ〔Christian Freiherr von Wolff〕（1679-1754年）はライプニッツの専門用語形成の理論を組織的に実践に移した。学問に共通の中心的概念を，（コンテクストや情緒に拠ることなしに）体系的に一貫した定義で確立しようとした。ヴォルフは，ライプニッツが提案したところのドイツにすでにある専門語を賞賛して，それを首尾一貫して用いることで術語として確立させることをめざした。諸学問に共通する術語を重視し，そのなかには例えばBegriff「概念」，Vermögen「能力」，Gattung「ジャンル」，Tat「行為」，Art「類」，Satz「命題」がある。また一般の教養語彙に入ったものとし

てはUmfang「範囲」, Bedeutung「意味」, Aufmerksamkeit「注意」, Verständnis「理解」, 数学で確立させたものとしてはZahl「数」, Bruch「分数」, Nenner「分母」, Brennpunkt「焦点」, Schwerpunkt「重点」, Abstand「距離」, Geschwindigkeit「速度」がある。ヴォルフの学問ドイツ語は模範としての働きをし, 一般語へ入った。学問・教養をより広く広めたいという啓蒙主義的（教育的・教養政策的）目標から, ラテン語ではなく母語で伝えることを実行し, 18・19世紀の教養市民のドイツ語にとってもっとも重要な刺激を与えたという言語文化的功績がある。

ライプニッツの『弁神論』を1744年にドイツ語に翻訳したゴットシェート自身は, 自ら『ドイツ語文法の基礎』(1748年) を著し, そのなかでショッテーリウス以降の1世紀のあいだに「ドイツ語はかなり良くなった」(Gottsched 1748, 4頁) ことを確認している。ライプニッツが提案していた (『私見』, §33), 広範囲な語彙を登録する辞書の作成にゴットシェートは取りかかろうとしたが, 実現できなかった。この課題を実際に実現させたのは, アーデルング〔Johann Christoph Adelung〕(1732–1806) である。全3500ページを超える『高地ドイツ語の完全なる文法的・批判的辞書の試み』(1774–1786) のなかに, ドイツ語の語彙が初めて体系的に登録された。18世紀後半に入って, レッシング, クロップシュトック, ヘルダー, ゲーテ, シラーらの作家たちが共通的なドイツ文章語を自らの作品のなかで実践し, 方言を包括するような文章語が事実として把握可能になっていた。そして18世紀末にモーリッツ〔Karl Philipp Moritz〕(1756–93) が王立学士院で演説をしたが, そのなかにはライプニッツのプログラムの影響がはっきりと見て取れる：

「言語を鍛練するには, 知識量が増加していくなかで言語を豊にすることが必要である。[...] そのためには, 言語自体に救いの手を求めねばならない。つまり, 新しい単語よりもしばしば美しく力

強いが今では廃れてしまっている単語，そして思考を明確に言い表す単語の宝が隠れている方言に助けの手を求めねばならない。このことは，ドイツの優れた文筆家たちがすでに大変にうまく行ってきた。」(Moritz 1792, iv 頁)

1871 年にドイツ帝国が成立し，国語育成が組織的に行われるなか，初代の帝国郵政大臣のシュテファン〔Heinrich von Stephan〕は 700 以上の郵政関連語をドイツ語に置き換えた。全ドイツ国語協会が創設されたのもこの時代で，この協会がライプニッツを精神的支柱と見たのもうなずける。本翻訳の底本としたピーチュによる校訂テクストはまさにこの協会の『学術的別冊』として出されたのである。

5．ライプニッツとフンボルト

　ここでは，少し視点を変えて，ライプニッツを言語思想史や言語学史のなかに位置づけるため，100 年以上の時が両者を隔てていることを前提としながら，フンボルト〔Wilhelm von Humboldt〕(1767–1835) と対比してみよう。

　18 世紀後半にサンスクリット学者ベンファイ〔Theodor Benfey〕は，その言語学史の記述のなかでライプニッツを歴史比較言語学の先駆者と見なした。本解説の 2 節では，ライプニッツは語彙や語源に主たる関心をもっていたことを記したが，フンボルトは言語類型論に関心が強かったとみなされている。両者とも言語の歴史そのもの（あるいは歴史比較言語学）に主たる関心があったわけではない。18 世紀終わりのサンスクリットの発見の後に執筆活動を行っていたフンボルトは，サンスクリットや古典ギリシャ語を屈折言語の典型と見なし，高く評価するなど，歴史比較言語学の基礎資料となる言語データを多くもっていたことは事実であるとしても。

　フンボルトはたしかに，記号・象徴・言語に関しての散発的考察

を行い,『言語哲学入門』を著した E. ハインテルには,「言語の超記号的性格」を突き止めた論者のひとりと見なされているが,その主たる関心は言語一般あるいはマライ・ポリネシア諸語やメキシコ語などの中南米の諸言語も含めた世界の諸言語に向けられていた。つまり,それらを素材として言語論・言語哲学・言語類型論を展開したわけで,世界共通語や記号言語への強い関心はなく,言語の具体的現象形式としてはもっぱら自然言語に注目していたフンボルトは「国語論(あるいは,ドイツ語論)」をものするほど個別言語としてのドイツ語に執着してはいなかった。その最晩年の言語論に散りばめられた「内的言語形式」の記述や「言語の世界観」の記述には,彼の語彙(語彙論)への関心や造詣の深さが看取されるところがあるが,総じてとりわけ諸言語の文法構造に注目し,いくつかの言語を類型化してとらえ,(ヘルダー〔Johann Gottfried Herder, 1744-1803〕を継承する)人間性(人性)の発露や人類の精神的発展の痕跡を言語構造に見出すことに腐心した。その射程は,歴史比較言語学的にも言語類型論的にも,当時のヨーロッパ(印欧語)の領域を越え出て,バスク語,中国語,日本語,マライ・ポリネシア諸語,アメリカ諸語にまで及んでいる。フンボルトの言語論や言語学は自己目的であるというよりも,きわめて色濃く人間学的関心に裏打ちされていたものと考えられる。

1661 年から 66 年にかけてライプツィヒにて法学を修めていた学生時代にすでにラテン語と並んでドイツ語でも執筆し,「手に入ったドイツ語の本は読了するまで手放すことがなかった」(Schmarsow 1877, 3 頁)と告白するほど母語に愛着を抱きつつドイツ語という個別言語に焦点を当て,とりわけその語彙や語源に注目した考察を展開したライプニッツに対して,フンボルトはドイツ語が個別言語のひとつであるという意識をもつ以上に踏み込まなかった。これは,フンボルトの人間学的関心に基づくほか,その言語類型論的考察に

おいて「屈折言語」の範例が（ドイツ語ではなく,）古典ギリシャ語やサンスクリットに求められていたことに加えて，フンボルトの時代にあってはカント〔Immanuel Kant〕(1724-1804) の三大批判書，ゲーテ〔Johann Wolfgang von Goethe〕(1749-1832)，シラー〔Friedrich Schiller〕(1759-1805) による疾風怒濤，古典主義文学の展開など，ドイツ語による著作活動も順調に進み，ドイツ語はすでに「文化言語」としての地歩を着実に固めつつあったために，ドイツ語を「ナショナル・アイデンティティ」の問いと結びつけて考え，その根幹としてとらえる必要性が薄らいでいたことにも起因しよう。ライプニッツとのあいだの 100 年以上，150 年に近い時の隔たりはやはり大きな意味をもつ。

ただ，言語の本質に対する洞察という基本的な言語観，とりわけ，人類史における言語の変容や発展を思想的に把握する言語論に関して言えば，フンボルトはライプニッツと似た立場にある。「他言語の単語すべてを［原語がもっている］活力そのままにそれぞれ 1 語で訳せるような言語はこの世には存在しないと，私は思っている」（『私見』§61）というライプニッツの主張は言語や単語の独自性を説くフンボルトに重なるし，フンボルトがベルリン・アカデミーの講演で説いた，新しい言語は別の言語の混合と滅亡から発するとする立場は，そのままライプニッツの立場でもあった。さらにライプニッツ思想の根幹のひとつであるモナドロジー（モナド論）から（究極的には「（個々の話者にゆだねられた個別的な）私的言語の承認」へと至る）フンボルトの思想，言語論に際立つ個別主義，個性主義，個別性への着目には一貫した流れ，思想の類同性が看取できる。つまり，かなりの公算の高さで思想史的な継承性が認められる。

また，本源的な言語観察からはややはずれた，「音象徴」に関わる局面でも，ライプニッツとフンボルトの共通性を発見することができる。ライプニッツは，「単語というものが何人かの人たちが言

うほどに恣意的または偶然的ではなく」(『私見』§50)、ただ我々が個々の語がなぜそのような意味を持つのかの理由を知らないだけだと述べている。また、別のところでも、次のように言われている：

> 言葉の意味は恣意的であると、学院や他のいたるところで言われるのが慣わしであることは知っています。確かに言葉の意味は自然的必然性によって決定されるわけではありませんが、しかしやはり、偶然が幾分か左右するところでは自然的な理由によって、また、選択の余地のある場合には精神的な理由によって決定されるものなのです。まったく選択によっており完全に恣意的であるような人工言語もおそらくいくつかあるでしょう。[...] しかし、既知の言語から作られたことが分っている言語は、それが前提する言語のなかにある自然的なものや偶然的なものと選択との混合から成っています。(『人間知性新論』、18頁)

原初のアダムの言語においては、分節音と観念との間に「自然的な結合関係」(『人間知性新論』、17頁)があり、つねに語と事物とは一致し、予定調和があった。この「ただひとつの言語」(17頁)から、他のすべての言語は「派生」(22頁)し、普遍的な「調和」(29頁)のなかにあることの証明は、動物の鳴き声や擬声語の例で示される。たとえば、ラテン語のcoaxare (ケロケロ鳴く) とドイツ語のquakenとの関連性、Rという音声が「激しい動きやその字音のとおりの噪音を意味する」(25頁)ことや、「Lという文字はより穏やかな動きを示」(25頁)すことが、挙げられている。ライプニッツは、もちろんこのようなことの不確かさも意識はしていた。そのうえで、アダムの言語の有していた自然さの痕跡を、最も多く保存しているのはドイツ語だと考えた。

> ヘブライ語やアラビア語がそうした言語［原初的な言語のこと］に最も近いとしても、少なくともそれはかなり変ってしまっているにちがいありません。チュートン語［古ドイツ語のこと］は、自然的

なもの，そして（ヤコプ・ベーメの言葉でいえば）アダムの言語を
より多く残していると思われます。(『人間知性新論』，22頁，丸カ
ッコ内は原文)

実は，フンボルトに近い時代で，たとえばあまり広く知られていな
い一般文法家のひとりであるアントン〔Karl Gottlob von Anton〕
(1751-1818) を例に取ると，彼は語を細かい要素に分解し，基幹語
や根を見つけ出し，その意味を特定することにより語源〔Etymon〕
ないし「真なるもの」(etymos は「真実の」という意味である) をつ
きとめることを目指すという問題提起の一環として，音と意味の対
応づけを試み，w, h, d, l, r, m, n という7つの子音に「静かな
動き」「広がっていく動き」「ひとつにまとめる動き」「自立した動
き」「速い動き」「維持する動き」「過ぎ去る動き」(Anton 1799, 39
頁) という本源的意味を見出し，「Le, Li〔という根〕が快適，穏や
かさ，明るさを意味したならば，lib は，人々が〔あるものを〕他者
から区別し，それと合体し，そのことによっていわば自分で動けな
いようにしてしまう，快適なもの，価値あるものとなる」(Anton
1799, 64頁) と説いている。フンボルトが最晩年にものした言語論
の主著『カヴィ語序論』においても，「直接に模倣するのでなく，
音声と対象とに共通している第三の性質を利用して模倣的に表示し
ようとする方法」「象徴的表示法」に触れて，「例えば，〔ドイツ語
の〕stehen（立っている，ある）stätig（変わらない，安定した）starr
（強張った，突兀）は，いずれも確乎としたものの印象を示し，サン
スクリットの *li* すなわち，溶ける，分解する，は，溶け去るもの
の印象を表す。〔ドイツ語の〕nicht（でない）nagen（齧）Neid（嫉み）
は，微妙にしかも冷酷に切り捨てるという印象を与えるのである。
このようにして，同じような印象を与える対象は，主として同じよ
うな音を備えた語を持つようになるものである。例えば〔ドイツ語
の〕wehen（風が吹く）Wind（風）Wolke（雲）wirren（乱す）Wunsch

（願い）などの語では，揺れ動いて安定せず，我々の感官の前で明瞭な形を取らずに右へ左へ乱れるような動きを，それ自身すでに重苦しくうつろなuの音を一層硬化させたwの音を用いて表現しているのである」（亀山訳『言語と精神』，122頁，〔 〕内は亀山）といった所説が展開されている。ちょうど同じドイツ語のw音について，ライプニッツは「離れては近づきまたまわりを回るような運動を伴う」音として（『私見』§49），自然さの痕跡を見ている。広義のロマン主義の言語観を彷彿とさせるこうした主張は，今日の言語学ではもはやそのままの形では是認されないが，音と意味との関係を考え，そのあいだに有契性を見出す「音解釈」の技法のひとつとしてさまざまな変奏を経ながら長期間にわたって信奉されるところでもあった。

6. 明治日本の見た文化言語ドイツ語

言語文化史的に顧みると，ライプニッツは国語育成についての先人たちの考え方をより明確に集約し，また一部新たにそれに深みを与えたのだが，ライプニッツのアピールが人の目にとまり意義を持ちえたのは，他ならぬヨーロッパ第1級の思想家ライプニッツの筆から出たものであってこそだ，と言うべきであろう。ライプニッツの提案から大きな刺激を受けたヴォルフを経て，ドイツ語は自信を持って学問語への道を歩み，技術・産業化社会における学問語・ドイツ語が誕生した。明治維新後の日本人が有り難い模範として憧れの目で眺めたのは，まさにその文化言語・ドイツ語であったのである。

わが国では明治初年以来の長きにわたり，近代的な文化言語の香り高いドイツ語を精魂込めて学習し，ドイツの優れた文化・学問を摂取しようとしてきた。「国語」をいかに育成していくのかという

問題についても，ドイツは日本にとって好模範であった。1890（明治23）年にドイツとフランスへ留学を命じられた上田萬年（1867-1937）は，単に文法を設定するだけではなく，国語の語彙を十分に発達させることの重要性も認識して1894年に帰国した（上田は1890年9月に日本を離れ，1894年6月に帰朝した。ドイツではまずベルリン大学でH. シュタインタールやG. v. ガーベレンツらに学び，次にライプツィヒ大学ではA. レースキーン，K. ブルークマンらに学び，最後の1年をフランスでの勉学に当てた。）。帰国の年に行った講演「国語と国家と」の中で，上田はドイツを例に出して，まさに次のように述べている：

> 如何に亦現今の独逸が，其国語を尊奉し，其中より外国語の原素を棄て，自国語のよき原素を復活せしめつつあるかを見よ。此事は現に科語［＝専門用語のこと］を外国語に借る事多き，科学の上にまで進みつつあるなり。」（上田萬年 「国語と国家と」，『明治以降国語問題論集』所収，102頁）

自前の言語で不足なく学問を前へ進めることができる「国語改良」の文明国ドイツというイメージは，その後わが国で定着し，再三引き合いに出されることになる：

> ［...］プロイセンの官憲が外来語を駆逐して［...］国語改良の運動に着手するやうになつたのは大に注意すべきことで，［...］これが実行を助けることを惜まない宏闊なる度量は，独逸の文明をして今日に達せしめたる主要な原因であると信ずる。」（保科孝一（1913［大正2年］），214頁）

> ドイツの学問が普及したといふのは，専門語に，ラティン系の語にかはる祖国語を以てしたからです。即ち，専門語を民衆化したと同時に，一般語を専門化したのです。［...］如何にドイツ語が，一般民衆に接近し易く作られているかが御了解になると思ひます。」（加茂正一（1925［大正14年］），244頁）

このように明治・大正期の日本人が，諸学問を自国語の語彙で行えることで国力を上げた国へとドイツを押し上げる言語的提案を行ったのが，ほかならぬライプニッツだったのである。

7. 現代の言語状況とライプニッツ

以上見てきたように，1700年頃に学術言語として圧倒的な通用範囲を誇っていたラテン語の独占状態に抗して，ライプニッツは民衆の言語であるドイツ語を日常言語のレベルを越えて学術文化を担いうる言語にまで成長させるシナリオを具体的に描いて見せた。その営為に今日改めて注目すると，近年に「知のグローバル化」というキーワードとともに英語が言語的覇権をふるうなか，ドイツ本国でも特に理科系のドイツ人研究者は国際的通用性のために，自らの論文をドイツ語ではなく「国際共通語」となった英語で発表せざるをえない状況にあることは，ライプニッツにとっていかにも口惜しいことであろう。文化言語ドイツ語が確立している現今のドイツにおいて，科学者が他国語で書かざるをえない学術世界の現状は，ドイツ語にはまだ学問をきちんと表現する力がなかったライプニッツ当時とは決定的に異なっている。

今日，多言語化・多民族化する現代社会，いわゆる「クレオール化」の過程にある言語社会に生きるわれわれにとっては，程度の差こそあれ日常的にさまざまな言語に触れることで母語教育のありようを反省的にとらえ返す機会が増えている。また，公用語・作業語の選択，言語変種の選択にもつながる言語育成・言語政策の問題として，言語使用の実情を直視する必要に迫られることがある。本書に訳出したような近未来を見据えたライプニッツの視座は，今日的に見ても参考に供するところ大であると言えるのではないか。一般化して言えば，これは学術文化の直接間接の担い手を増やそうとす

る試みでもある。文明開化を経た日本において，西周が "philosophy" を「哲学」と訳し，日本語による哲学的思考の可能性を開くことに貢献したことに示されるように，学術文化推進のための言語を育成するにはまずもって翻訳作業を根幹のひとつとする地道な努力を通じてその道具立てとしての語彙を充実させなければならない。ライプニッツは個人のレベルにとどまらず，言語育成の組織化を目論んだし，4.2. にも触れたように，その流れを汲むヴォルフもこの必要性を十分に自覚し，ラテン語の翻訳などを通じてドイツ語の育成に邁進した。自らの言語，民衆の言語を育み，鍛え上げようとする姿勢は現代に生きるわれわれにとっても示唆に富んでいると思われる。ライプニッツの「国語論」の根本思想を今日に生かすためにも，同時にさまざまな言語，言語変種というそれぞれの個別性に支えられた多元的価値を相互に承認し合い，自らの言語を絶対視しない視座をあわせて身につけていきたいものである。

参考文献

(著者のあとの数字は刊行年。邦訳書の刊行年も同様に示す。)

原典

Anton, Karl Gottlob von (1799): Über Sprache in Rüksicht [sic!] auf Geschichte der Menschheit. Görlitz.

Campe, Joachim Heinrich (1807-1813): Wörterbuch der Deutschen Sprache. Braunschweig. 6 Bände. [Nachdruck: Hildesheim/New York 1969-1970; mit einer Einführung und Bibliographie von Helmut Henne.]

キケロー (2005):『弁論家について』(上) (大西英文訳) 岩波文庫。

Egenolff, Johann Augustin (1720): Historie Der Teustchen Sprache. Anderer Theil. Leipzig. [Nachdruck: Leipzig 1978.]

Frisch, Johann Leonhard (1741): Teutsch-lateinisches Wörterbuch. Berlin. [Nachdruck: Hildesheim/New York 1977.]

Gottsched, Johann Christoph (1748): Grundlegung einer Deutschen Sprachkunst. Leipzig.

Grimm, Jacob (1819): Deutsche Grammatik. Göttingen. [Nachdruck: Kleinere Schriften. Bd. VIII. Berlin 1880.]

Humboldt, Wilhelm von (1903-1936): Gesammelte Schriften (Akademie-Ausgabe). Hrsg. von Albert Leitzmann u. a. 17 Bände. Berlin. [Nachdruck: Berlin 1968.]

ヴィルヘルム・フォン・フンボルト (1984):『言語と精神 カヴィ語研究序説』(亀山健吉訳) 法政大学出版局。

Leibniz, Gottfried Wilhelm (1877): Unvorgreifliche Gedancken, betreffend die Ausübung und Verbesserung der Teutschen Sprache, in: August Schmarsow: Leibniz und Schottelius. Die Unvorgreiflichen Gedanken. Straßburg, S. 44-92.

Leibniz, Gottfried Wilhelm (1907): Ermahnung an die Teutsche, ihren verstand und sprache besser zu üben, sammt beygefügten [sic!] vorschlag einer Teutsch gesinten Gesellschaft. Hrsg. von Paul Pietsch, in: Wissenschaftliche Beihefte des Allgemeinen Deutschen Sprachvereins. 4. Reihe, H. 29, S. 292-312.

Leibniz, Gottfried Wilhelm (1908): Unvorgreifliche Gedancken, betreffend die Ausübung und Verbesserung der Teutschen Sprache. Hrsg. von Paul Pietsch, in: Wissenschaftliche Beihefte des Allgemeinen Deutschen Sprachvereins. 4. Reihe, H. 30, S. 327-356.

Leibniz, Gottfried Wilhelm (1983): Unvorgreifliche Gedanken, betreffend die Ausübung und Verbesserung der deutschen Sprache. Zwei Aufsätze. Hrsg. von Uwe Pörksen. Kommentiert von Uwe Pörksen und Jürgen Schiewe. Stuttgart.

ライプニッツ（1988）:「普遍的記号言語」，山内史朗訳，『季刊哲学』4，哲学書房。(Die philosophischen Schriften von G. W. Leibniz. Hrsg. v. C. J. Gerhardt. Berlin. 7. Bd., 184–189 頁に所収の論文の翻訳)

ライプニッツ（1995）:『ライプニッツ著作集 5 認識論 人間知性新論 下』下村寅太郎他監修，谷川多佳子他訳）工作舎。(Leibniz, G. W.（1765）Nouveaux essais sur l'entendement human. の翻訳)

Moritz, Karl Philipp (1792): Über die Bildsamkeit der deutschen Sprache. Eine Rede in der Academie der Wissenschaften gehalten den 16. Januar 1792, in: Discours dans l'assemblée publique, xiv–xvi.

Neues Hannöverisches Magazin. 2. Jahrgang vom Jahre 1801.

Opitz, Martin (1624): Buch von der Deutschen Poeterey. Breslau. [Nachdruck: Stuttgart 1970.]

Schottelius, Justus Georg (1641): Teutsche Sprachkunst. Braunschweig.

Schottelius, Justus Georg (1663): Ausführliche Arbeit Von der Teutschen HaubtSprache. Braunschweig. [Nachdruck: Tübingen 1967.]

Stieler, Kaspar (1691): Der Teutschen Sprache Stammbaum und Fortwachs Oder Teutscher Sprach-Schatz. Nürnberg. [Nachdruck: Hildesheim/New York 1968.]

タキトゥス（1979）:『ゲルマーニア』（泉井久之助訳）岩波文庫。

ウェルギリウス（2004）:『牧歌／農耕詩』（小川正廣訳）京都大学学術出版会。

保科孝一（1913）:「独乙に於ける国語国字改良問題の趨勢」，『國學院雜誌』第 19 巻第 3 号，第 4 号。

加茂正一（1925）:『国字問題十講』文友堂書店。

吉田澄夫，井之口有一編（1964）:『明治以降国語問題論集』風間書房。

二次文献

Agricola, Erhard/Fleischer, Wolfgang/Protze, Helmut (Hrsg.) (1969): Kleine Enzyklopädie. Die deutsche Sprache. 1. Bd. Leipzig.

Arndt, Hans Werner (1967): Die Entwicklungsstufen von Leibniz' Begriff einer Lingua Universalis, in: Gadamer, Hans-Georg (Hrsg.): Das Problem der Sprache. VIII. Deutscher Kongreß für Philosophie. Heidelberg 1966, S. 71–79.

Benfey, Theodor (1869): Geschichte der Sprachwissenschaft und orientalischen Philologie in Deutschland seit dem Anfange des 19. Jahrhunderts mit einem Rückblick auf die früheren Zeiten. München.

Blume, Herbert (1978): Sprachtheorie und Sprachlegitimation im 17. Jahrhundert in Schweden und in Kontinentaleuropa, in: Arkiv för nordisk filologi, 93, S. 205–218.

Cherubim, Dieter/Ariane Walsdorf (2005): Sprachkritik als Aufklärung. Die Deut-

sche Gesellschaft in Göttingen im 18. Jahrhundert. 2. Aufl. Göttingen.
Conze, Werner/Hentschel, Volker (Hrsg.) (1996): PLOETZ Deutsche Geschichte. Epochen und Daten. 6. Aufl. Darmstadt.
Dünnhaupt, Gerhard (1990–93): Perosnalbibliographien zu den Drucken des Barock. Zweite, verbesserte und wesentlich vermehrte Auflage des Bibliographischen Handbuches der Barockliteratur. Stuttgart.
Dutz, Klaus D. (Hrsg.) (1983): Zeichentheorie und Sprachwissenschaft bei G. W. Leibniz. Eine kritisch annotierte Bibliographie der Sekundärliteratur. Münster.
Flamm, Traugott (1994): Eine deutsche Sprachakademie. Frankfurt/M. u. a.
Gardt, Andreas (1994): Sprachreflexion in Barock und Frühaufklärung. Entwürfe von Böhme bis Leibniz. Berlin/New York.
Gardt, Andreas (1999): Geschichte der Sprachwissenschaft in Deutschland. Vom Mittelalter bis ins 20. Jahrhundert. Berlin/New York.
Gipper, Helmut/Hans Schwarz (Hrsg.) (1974): Bibliographisches Handbuch zur Sprachinhaltsforschung, Teil 1, Band 3, Opladen.
Henne, Helmut (1968): Deutsche Lexikographie und Sprachnorm im 17. und 18. Jahrhundert, in: Wortgeographie und Gesellschaft. Festschrift für L. E. Schmitt, Berlin, S. 80–114.
Hofmannsthal, Hugo von (1927): Wert und Ehre deutscher Sprache. München.
Huberti, F. H. (1966): Leibnizens Sprachverständnis unter besonderer Berücksichtigung des III. Buches der „Neuen Untersuchungen über den Verstand", in: Wirkendes Wort, 16, S. 361–375.
Hundt, Markus (2000): „Spracharbeit" im 17. Jahrhundert. Studien zu Georg Philipp Harsdörffer, Justus Georg Schottelius und Christian Gueintz. Berlin/New York.
Ivo, Hubert (1974): Muttersprache. Identität. Nation. Opladen.
Jellinek, Max Hermann (1913): Geschichte der neuhochdeutschen Grammatik von den Anfängen bis auf Adelung. 1. Halbband. Heidelberg.
Joseph, John. E. (2004): Language and Identity. National, Ethnic, Religious. Hamshire/New York.
Killy, Walter (1988–93) (Hrsg.): Literatur Lexikon, Autoren and Werke deutscher Sprache, 15 Bände, Gütersloh.
Kluge. Friedrich (2002): Etymologisches Wörterbuch der deutschen Sprache. 24. durchgesehene und erweiterte Auflage von Elmar Seebald. Berlin/New York.
Korninger, Siegfried (1958): G. W. Leibnizens Sprachauffassung, in: Die Sprache. Zeitschrift für Sprachwissenschaft, 4, S. 4–14.
Mauro, Tullio de/Formigari, Lia (eds.) (1990): Leibniz, Humboldt, and the Origins

of Comparativism. Amsterdam/Philadelphia.

Menzel, Wolfgang Walter (1996): Vernakuläre Wissenschaft. Christian Wolffs Bedeutung für die Herausbildung und Durchsetzung des Deutschen als Wissenschaftssprache. Tübingen.

Paul, Hermann (2002): Deutsches Wörterbuch. 10., überarbeitete und erweiterte Auflage von Helmut Henne, Heidrun Kämper und Gerog Objartel. Tübingen.

Pietsch, Paul (1907): Leibniz und die deutsche Sprache. Einleitung, in: Wissenschaftliche Beihefte des Allgemeinen Deutschen Sprachvereins. 4. Reihe, H. 29, S. 265–283.

Pörksen, Uwe (1983): Die Übergang vom Gelehrtenlatein zur deutschen Wissenschaftssprache. Zur frühen deutschen Fachliteratur und Fachsprache in den naturwissenschaftlichen und mathematischen Fächern (ca. 1500–1800), in: Zeitschrift für Literatutwissenschaft und Linguistik, 51/52, S. 227–258.

Polenz, Peter von (1994): Deutsche Sprachgeschichte vom Spätmittelalter bis zur Gegenwart, Band 2. 17. und 18. Jahrhundert, Berlin/New York.

Rutt, Theodor (1966): Gottfried Wilhelm Leibniz und die deutsche Sprache, in: Muttersprache, 76, S. 321–325.

Schmarsow, August (1877): Leibniz und Schottelius. Die unvorgreiflichen Gedanken. Strassburg/London.

Schulenburg, Sigrid von der (1973): Leibniz als Sprachforscher, mit einem Vorwort hrsg. v. Kurt Müler, Frankfurt/M.

Schultz. H. (1888): Die Bestrebungen der Sprachgesellschaften des XVII. Jahrhunderts für Reinigung der deutschen Sprache. Göttingen.

Stickel, Gerhard (1999): Deutsch als Wissenschaftssprache und Gottfried Wilhelm Leibniz, in: Sprachreport, 2/99, S. 16–19.

Straßner, Erich (1995): Deutsche Sprachkultur. Von der Barbarensprache zur Weltsprache. Tübingen.

Suchsland, Peter (1977): Gottfried Wilhelm Leibniz (1646–1716). Über sein theoretisches und sein praktisches Verhältnis zur deutschen Sprache, in: Erbe, Vermachtnis und Verpflichtung. Zur sprachwissenschaftlichen Forschung in der Geschichte der AdW der DDR. Eingeleitet und hrsg. v. Joachim Schildt. Berlin, S. 32–59.

Takada, Hiroyuki (1998): Grammatik und Sprachwirklichkeit von 1640–1700. Zur Rolle deutscher Grammatiker im schriftsprachlichen Ausgleichsprozeß. Tübingen.

Takada, Hiroyuki (2001): Kritische Betrachtungen zu Leibniz' Sprachkritik. Was leistet Leibniz „betreffend die Ausübung und Verbesserung" der deutschen

Sprache? in: Armin Burkhardt/Dieter Cherubim (Hrsg.): Sprache im Leben der Zeit. Beiträge zur Theorie, Analyse und Kritik der deutschen Sprache in Vergangenheit und Gegenwart. Helmut Henne zum 65. Geburtstag. Tübingen, S. 105-128.

Trabant, Jürgen (1990): Traditionen Humboldts. Frankfurt/M.

Watanabe, Manabu (1997): <Sprache>, <Volk> und <Nation> bei Herder, Adelung und Humboldt, in:『言語・文学・コミュニケーション』, 早川東三他編(同学社), 401-412頁。

Watanabe, Manabu (2005): Wilhelm von Humboldt. Über einen Sprachwissenschaftler, der zur Zeit Goethes und darüber hinaus wirkte, in: GOETHE-JAHRBUCH (Goethe-Gesellschaft in Japan), XLVII, S. 41-55.

Weisgerber, Leo (1959): Die geschichtliche Kraft der deutschen Sprache. Düsseldorf.

Wells, Christopher J. (1990): Deutsch: eine Sprachgeschichte bis 1945. Tübingen.

*　　*　　*

赤沢元務 (1989): Leibniz と Thomasius—*Ermahnung an die Teutsche* の成立年をめぐって——,『千葉工業大学研究報告　人文篇』, 第26号, 3-20頁。

ウルリヒ・アモン (1992):『言語とその地位』(檜枝陽一郎／山下仁訳)　三元社。

新井皓士 (1994):『近世ドイツ言語文化史論——「祖国」と「母語」が意識されてゆくころ——』近代文芸社。

アルバート・C. ボー, トマス・ケイブル (1981):『英語史』(永嶋大典訳)　研究社。

江沢建之助 (1975):「ドイツ文法史の研究について」,『ドイツ語教育部会会報』, 第8号, 24-30頁。

福本喜之助 (1980):『ドイツ語史よりみた外来語の研究』, 朝日出版社。

平凡社　世界大百科事典 (1998) 日本デジタル平凡社。

エーリヒ・ハインテル他著 (1979):『言語哲学の根本問題』(磯江景孜他訳)　晃洋書房。

廣松渉他編著 (1998):『岩波　哲学・思想事典』岩波書店。

轡田収 (1975):「『国語』の効用——トマージウスのドイツ語運動——」,『月刊言語』, 大修館書店, 1975年8月号, 46-55頁。

轡田収 (1995):「ドイツ近代文学の成立とナショナリズムの誕生」,『学習院大学文学部研究年報』, 第42号, 175-225頁。

新田春夫 (1990):「多様性と規範性——初期新高ドイツ語時代の社会状況と言語意識——」,『ドイツ文学』(日本独文学会編), 第84号, 11-21頁。

ペーター・フォン・ポーレンツ（1974）:『ドイツ語史』（岩﨑英二郎他訳）白水社。

クシシトフ・ポミアン（1993）:『ヨーロッパとは何か　分裂と統合の1500年』（村松剛訳）　平凡社。

パオロ・ロッシ（1974）:『普遍の鍵』（清瀬卓訳）　国書刊行会　（世界幻想文学大系　第45巻）。

ヴィルヘルム・シュミット（2004）:『ドイツ語の歴史』（西本美彦他訳）　朝日出版社。

高田博行（1982）:「『国語協会』の評価をめぐって——国語協会研究の現状——」<Sprache und Kultur>（大阪外国語大学ドイツ語研究室編），第16号，45-54頁。

高田博行（1985/1986）:「日本の国語運動におけるドイツの国語運動の受容の流れ　その1，その2」,『日本とドイツ——今日の相互交流と影響——』（大阪外国語大学ドイツ語研究室編），第1巻，155-176頁，第2巻，71-91頁。

高田博行（1986）:「Schotteliusにおける『ドイツ語の新時代』への構想——バロック時代の文法家の課題をめぐって——」,『大阪外国語大学学報』，第72-1号，39-65頁。

高田博行（1987）:「17世紀の言語規範論におけるルター像」『ドイツ文学』（日本独文学会編），第78号，62-71頁。

高田博行（1989）:「17世紀の言語論における『普遍の鍵』」,『大阪外国語大学論集』，第1号，49-72頁。

高田博行（1997）:「ラテン語の鏡に映じたドイツ語——近世における言語の比較と評価」,『ドイツ文学』（日本独文学会編），第98号，1-10頁。

田中克彦（1978）:『言語からみた民族と国家』岩波書店。

ユルゲン・トラバント（2001）:『フンボルトの言語思想』（村井則夫訳）平凡社。

渡辺学（1985）:「言語と自然——フンボルトを読む」,『獨協大学ドイツ学研究』，第15号，107-172頁。

渡辺学（1999）:「K. G. Antonにおける語源研究の意味と語族の理解」（研究ノート），『獨協大学ドイツ学研究』，第42号，147-152頁。

渡辺学（2001）:「ヴィルヘルム・フォン・フンボルト言語思想の系譜」,『エネルゲイア』（ドイツ文法理論研究会編，朝日出版社），第26号，91-105頁。

あとがき

　ライプニッツの国語論を翻訳出版してみようという訳者たちの計画の発端は，北ドイツの小都市ヴォルフェンビュッテル（Wolfenbüttel）にある。1996 年の秋であったろうか，訳者ふたりがともにフンボルト財団（Alexander von Humboldt-Stiftung）の招聘研究員としてドイツに滞在した際に，この小都市でおちあったときに出た話である。ヴォルフェンビュッテルと言えば，アウグスト侯図書館（Herzog August Bibliothek）が有名で，18 世紀のドイツ文学（演劇）を代表するレッシングはここの館長を務めながら『エミリア・ガロッティ』や『賢者ナータン』を書き上げた。その 1 世紀前にはライプニッツが，兼職ではあるが 1691 年から没年の 1716 年まで同じく当館の館長職に就いていた。この町はアントン・ウルリッヒ侯や文法家ショッテーリウスの居住地でもあり，本書の内容と最もゆかりのある町のひとつである。まさにこの町で，しかも図書館に隣接するレストラン「ライプニッツ・ハウス」で会食したときに話がまとまるという，ある意味できすぎた発端であった。

　翻訳出版の計画はこのように完璧な滑り出しをしたのであるが，その後さまざまな理由で（おそらく最も大きな理由は，訳者たちがその後に若者ことばやナチズムの言語やら，多様なテーマに興味をもってしまい，ライプニッツに集中できなかったことであろう）翻訳出版の仕事を進めることができず，最終的原稿が完成するのには発端から数えると，実に 10 年近くを要してしまった。それだけに，今ここにようやく注釈と解説を施して，ライプニッツの 2 つの書き物を訳出できたことに，特段の喜びを感じている。

　翻訳を完成させる経過のなかで，1999 年から 2000 年度にかけて

「近代ドイツの啓蒙思想とドイツ語の発展——ライプニッツの『国語論』を中心に——」（研究代表者：高田博行）という課題名で科学研究費補助金（C）(2)［課題番号11610531］を得て，訳者たちが共同研究を行うことができたのは大変有り難く，翻訳の進捗にとって大きな意義があった．また，本翻訳の意義を認めていただき，法政大学出版局への紹介の労をとってくださった亀山健吉先生（日本女子大学名誉教授）には心からの感謝の辞をささげたい．さらにまた，昨今の出版事情の厳しいなか出版を快諾され，遅れ気味となった翻訳作業を見守ってくださった，法政大学出版局理事・編集長の平川俊彦氏，同編集部の藤田信行氏にも心から感謝したい．

　なお最後になるが，本書刊行費の一部は平成17年度学習院大学研究成果刊行助成の助成金によっていることを記し，学習院大学をはじめ関係各位に心から感謝するものである．

2006年1月
目白の学舎にて
高田博行
渡辺　学

《叢書・ウニベルシタス　843》
ライプニッツの国語論
──ドイツ語改良への提言

2006年3月31日　　初版第1刷発行

ゴットフリート・ヴィルヘルム・
　ライプニッツ

高田博行／渡辺　学　編訳
発行所　財団法人　法政大学出版局
〒102-0073 東京都千代田区九段北3-2-7
電話03(5214)5540／振替00160-6-95814
製版，印刷　三和印刷／鈴木製本所
ⓒ 2006 Hosei University Press

Printed in Japan

ISBN 4-588-00843-9

著者

ゴットフリート・ヴィルヘルム・ライプニッツ
(Gottfried Wilhelm Leibniz)
1646年ドイツのライプツィヒ生まれの,哲学者・数学者・歴史学者・物理学者・外交官.1676年以降ハノーファー公の顧問官・図書館長を務め,1716年ハノーファーで死去.フランス,イギリス,イタリア,オランダなどヨーロッパ各地をめぐって当代の学者や有力者たちと学的交流を図るとともに,1700年ベルリンに科学アカデミーを設立しドイツの文化振興にも努めた.二進法の研究および自動計算機の考案は,現代のコンピュータの歴史的先駆とも見なされている.主な著作には,『形而上学叙説』(1686),『人間知性新論』(1704),『弁神論』(1710),『単子論』(1714)などがある.

編訳者

高田博行(たかだ ひろゆき)
学習院大学文学部ドイツ文学科教授.専攻は,ドイツ語学(近現代のドイツ語史).主要著作に «Grammatik und Sprachwirklichkeit von 1640–1700» (Tübingen: Max Niemeyer, 1998),『ドイツ語が織りなす社会と文化』(共編著,関西大学出版部,2005)がある.

渡辺 学(わたなべ まなぶ)
学習院大学文学部ドイツ文学科教授.専攻は,ドイツ語学,言語学(社会言語学,対照言語学).主要著作に『ドイツ言語学辞典』(共編著,紀伊國屋書店,1994),『デイリー日独英 独日英辞典』(監修,三省堂,2004)がある.